台灣百人傳 3

莊永明◎著

序 從「台灣第一」到「台灣百人傳」

鍾肇政

月前，忽接老友莊永明兄捎來的新書《台灣百人傳》①②各一冊，這才訝然想起已有不少日子，疏於和這位老友互相聞問了。故人無恙，並且依然健筆如飛，帶給我的是一種喜悅，也是一種安慰；然而我更願意強調：面對這兩本新書，更多的是驚奇與詫異！

哇，我們這位「台灣第一」的「民間學者」——我寧願用「好小子」這種說法的——依舊在彈那種舊調，樂此不疲，還老當益壯、益迷。哦哦，老友差不多已是個望六之人了吧？腦子裏陡地浮現一些疑問：我究竟幾時與老友認識的呢？他所沉迷的，也令我深深沉迷的「台灣第一」——我也記得曾經把「台灣第一」的封號加在他頭上的，這一切又是何年何月的事呢？

也是驀地裡從記憶的深淵中浮現的，當時那麼多敲動我心弦的《台灣第一》，輯印幾冊上梓後，竟然是知音那麼有限，以致預定中要印行五輯乃至六輯的《台灣第一》，不得不只出了兩輯後宣告「夭折」。記得其中一輯，我還替老友寫了篇序的，我爲老友憤憤不平過，心想台灣人是怎麼了呢？難道眞的如當時一些有心之士所說，咱們這個島嶼上的人民，但知長江大河，對自己的土地、人、事等等，竟是漠然無動於衷至於此！

《台灣百人傳》該不用說也是同一個系列的苦心經營之作吧，這麼想著信手翻翻。這一翻，前面一些疑問總算獲得解答，同時也覺得更驚奇更詫異了。哦哦，老友一頭栽進「台灣」，是一九八〇年代早期的事，而我與他結識、訂交，便也大約已有了廿年的歷史，至於「台灣第一」系列的寫作，我竟然也曾經有過一份推動的微勞！

到了《台灣百人傳》的階段，老友的觸角更廣泛、更深入吾台的歷史深淵之中了。不說別的，光這個系列，一百個歷史人物寫下來，足足可印行十冊之多。猗歟盛哉！眞想這麼歡呼一聲，但是這還只是老友近期內的計畫而已。他在來信中說目前正在策劃一本「大書」，書名《台灣世紀回味》，預計蒐錄三千件以上的台灣民間文物，藉此「詮釋吾台人民的史觀」！

作者莊永明出版《台灣第一》後，鍾肇政老師鼓勵有加。兩人合影於龍潭。

好一個台灣人民的史觀，這不就是說，老友除了擴大眼界之外，還把觸覺伸入台灣人的靈魂深處，予以詮釋、發揚，台灣人的精神隨之的隱約浮現！這該是一項大工程吧。走筆至此，忍不住要向老友祝福一聲：這項大工程只有老友可以爲之、完成之，那一天也該早些來臨。那麼湊巧地，新書裡有幾張老友生活照，他埋在滿坑滿谷的故紙堆之中，別說無立錐餘地，他整個人都快被淹沒了。而且那付近視眼鏡，才多久沒有碰面呢？好像又加厚了些！

在隨便翻閱的當中，幾個耳熟能詳的歷史人物的大名次第映現在眼前——我應該說，幾乎每一個的形貌都那麼熟悉。老友以輕快的筆觸，將這些人物的生平軼事娓娓道來，那些照片，令人彷佛突然走入時光隧道，與這些人物四目相對，親聆教益。

走筆至此，我忽地橫生感觸，或許只能算是題外話吧，此處忍不住地要寫下來。

我們這裡的若干媒體，有平面的，也有電子的，近年以來出現了一些奇特現象，頗值得吾人注意。例如中部有一家標榜本土，事實上也頗富本土

龍潭是鍾肇政的家鄉，也是「台灣歌曲奇葩」鄧雨賢的故居，兩人合影於龍潭埤。

色彩的報紙，連篇累牘出現了以短期連載的方式刊露對岸中國文人作家的介紹與描述，且多以綺聞韻事爲主要內容。顯然，這些文章出自一位傳記好手，也似乎還能博取讀者的喜愛。其中也有過什麼什麼四月天之類的（稍早還以電視劇方式出現在電子媒體上，而無巧不巧，本文執筆當中，此劇又在另一個頻道炒起了冷飯），足見其叫好叫座的景況，到了令人詫異地步。大約兩年前也出現過《作家身影》的電視節目，亦專以中國作家爲對象（按：其後此節目改以本土作家爲主）另成一系列播出來。

前面說這是奇特現象，並不表示筆者對此有所反對，不獨中國作家文人可取爲報導、播映對象，即歐美的，乃至日本或其他國家的作家，應該也不會有人反對，唯獨這一類文章或節目不提自己的文人作家，視台灣作家詩人爲無物，這就形成一種本末倒置的「奇特」現象。

在信函當中，永明老友廿年來孜孜矻矻專以吾台人物爲挖掘、彰顯的對象，這就令人肅然起敬了！不錯，這百人傳裡有取之不盡用之不竭的人與事，風流韻事必亦所在多有，若以老友的這許多報導爲基礎，更深入地去探索，想來一部部精采的傳記作品必定源源產生，而這些作品不用說也是讓我們的下一代明瞭我們的上一代乃至上幾代人如何努力爲我們的台灣打拚的事蹟。這不就是一頁頁我們這塊土地的歷史嗎？想到此，忍不住地要說，老友眞是功德無量，而他的諸多辛苦經營出來的著作，必也可以垂之久遠。

永恆的台灣人

——一百年前和五十年前的台灣人

● 台灣都市的現代化，源於日本殖民政府的「都市計劃」，這條還沒有鋪上柏油，是現代的台北市中山南路，右上角可見總督官邸（今台北賓館）、台北州廳（今監察院）。

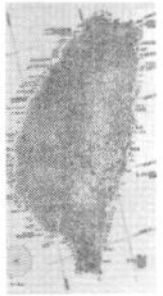

一八九四年，清廷因朝鮮問題與日本「開打」，史稱「甲午之戰」，一個龐大的大陸國家，竟然被一個蕞爾島國所擊潰；導致一八九五年四月十七日，清、日兩個帝國的首相——李鴻章和伊藤博文在日本馬關（又名下關）簽下了和約。這一紙被稱爲「馬關條約」、決定了台灣人命運的和約共有十一條，其中關係台灣的是第二款及第五款。

第二款規定：「中國將管理下開地方之權，並將該地方所有堡壘、軍器、工廠，及一切屬公物件，永遠讓與日本」，其中割讓台灣的範圍明定如下：

（一）台灣全島及所有附屬各島嶼。

（二）澎湖列島，即英國格林威治東經一百一十九度至一百二十度止，及北緯二十三度起至二十四度之間諸島嶼。

第二款可以稱爲「割地條款」，也就是說，大清帝國「收復」了明鄭在台灣所建立的東寧王國，做了二百一十二年的主人後，把她做爲戰爭失敗的「償債品」，賠了出去！這塊土地所有權的讓渡，清朝政府不問台灣島上「主人」的意見，因爲他們自認是「台灣主人的主人」；不高興時，把他做爲還債的工具，「台灣人」是不容有意見的。

日本政府要定了台灣，卻同意「尊重」台灣人的意見，願意給與台灣人選擇國籍的「自由權」，所以第五款做了如此的規定：

「本約批准互換之後，限二年之內，日本准中國讓與地方人民願遷居讓與地方之外者，任使變賣所有產業，退去界外，但限滿之後，尚未遷徙者，酌宜視為

日本臣民。」

日本政府顯然以「要地不要人」做爲前題，給台灣人兩年時間做「何去何從」的考量；台灣人在限期之內可以離開台灣，不做「日本人」。

台灣人的賣身契——馬關條約所規定的「住民去就決定日」，於一八九七年五月八日到期，根據統計，不願做「日本人」而離去的台灣人，只有六千四百五

馬關條約簽約的畫作。台灣人在此「賣身契」中變成「日籍台灣人」。改朝換代後，台灣人也有了「新觀念」和「新視野」去做這個島嶼的「反抗者」。

十六人，僅占當時台灣總人口數二百八十萬的〇・二八％而已。留下來的人，並不是心甘情願要做「日籍台灣人」，而是想繼續做「在地的台灣人」，因爲他們認同台灣。「根在台灣」的心，讓他們「不管」統治者是誰，默默接受掌理台灣政權的「外來政權」，這是台灣人的悲哀，也是台灣人的無奈。

日據時代的在地台灣人，始終認爲自己才是「廟公」，而日本殖民政府是外來的「乞丐」。流落歷史街頭的台灣人，永遠記得「乞丐趕廟公」這句俗話。

日據初期，興起一波又一波的武裝抗日，台灣人用竹篙（竹桿）湊菜刀和日本軍隊的刀尖砲利相「車拚」（戰鬥），不惜犧牲，只是想「回廟」再做「主持」。

一九二〇年代，日本統治台灣的政權已趨穩固，台灣人不得不以「立足」來證實自己的「在地」身分，不願做「二等國民」的呼聲不時出現，因此有「台灣議會期成運動」、「台灣文化協會」、「台灣民眾黨」等結社組織，積極反對殖民政府的行政措施。而日本官員竟以如此口吻回應：「若是反對同化政策，須要退出台灣。」「大家若嫌稅貴（高），儘可退去台灣吧！」這種企圖動搖台灣人「立足」的惡話，叫台灣人離開台灣的做法，引起蔣渭水的不滿，他在一九二四年以一篇〈隨想錄〉，做如此的冷嘲熱諷：

「……明治二十八年五月八日，日清媾和條約批准以後，……對台灣人民給與二年退去期限……三十年五月九日以後，依舊住台灣的人，自然是願意做日本國民的意思了。不但自己這樣想，連日本政府也是看做這樣的哩！所以現在日本籍的台人，是已經做了三十年的日本百姓。而今台灣人的政治運動，是要促使政府改善政治上的弊端，可說是一種愛國的行動。這國民的政治運動，乃是國民的權利，也是國民的義務啦！怎麼叫這政治運動的台灣人，宣告退出的壞話呢？這句話實在是『非同小可』的呀！以身食國家之祿，對人民說這話，實在難免無責咧！……日本領台至今，已經有三十年了，在這時候，還要對台人宣告三十年前的退去命令，是有什麼必要呢？豈不表示這三十年來的治台政績，全沒有進步嗎？」

日軍占領台北城，揮軍進入北門，「抹壁雙面光」的台灣人拿著「歸順良民」的旗幟歡迎「新政權」。

日本人對於清代治理台灣期間所發生的「三日一小亂，五日一大亂」，必然有些了解，而且據台之初，遭到他們所稱的「土匪」，也就是我們歷史記載的「義民」三不五時的反抗，有所警惕，因此在還未陷入第二次世界大戰的泥淖之前，台灣人沒有服兵役的「權利」，因爲日本人怕台灣人會搞「兵變」，而軍人的「高尚」身分，不是台灣人可以染指的。

一九二四年八月，彰化人黃呈聰在《台灣民報》第二卷第十五號發表〈對於台灣人兵役義務的問題〉，以「台灣雖爲帝國的臣民，不過有納稅的負擔，而沒有兵役的義務」，向日本當局提出了質疑，他說：「想是領台當時對新附民（即台灣人）抱懷疑的心，恐怕其對本國不能忠實奉公，所以不使新附民負擔兵役的義務。」黃呈聰爲爭取台灣人服兵役，進一步指責說：「台人兵役義務的有無，全在當局之施行不施行，不是台人之不盡其義務了。」

日本掀起侵華戰爭之初，當然不希望台灣人插一手，恐怕徵調有漢人血緣的日籍台灣人到中國戰場，會使「台灣人打中國人」演變成「幫助中國人打日本人」的局面，難怪台灣總督府會訓練高山族（原住民）投入中國戰場。然而，中國以「空間換取時間」的政策，拉長了日本軍隊的戰線，兵源不濟，後來還投入「大東亞」戰場，更是忙得疲於奔命，於是不得不動到其「臣下」台灣人的腦筋，喊出「膺懲暴支，驅除美蓄」做爲參加「聖戰」口號，經由募兵、徵兵，將一批一批的日籍台灣兵驅策到戰場，以「天皇赤子」的身分參加太平洋戰爭，出生入死。

台灣人參加了這一場莫名其妙的戰爭，結果不是淪爲戰俘，就是成了「可憐無定河邊骨」。

一九四五年八月十五日，日本裕仁天皇透過無線電廣播投降詔書，表示願意無條件投降、接受波茨坦宣言的這一天，日本戰敗，台灣人稱之爲「終戰」或「降伏」，算是日本在台灣五十年殖民統治的結束，也就是説，台灣人不再是「日本籍的台灣人」，而是等著「祖國」接收、沒有國籍的人。

沒有國籍的台灣人，當然沒有政府的統治；繳械的日本軍隊準備移交的殖民政府，已經放棄了「管理權」，等待被遣俘返日。一九四五年八月十六日，末代台灣總督安藤向全台廣播：「諭勿輕舉妄動，靜待善後措施。」靜待有個新政府的台灣人，自八月十五日裕仁天皇宣布投降的隔天等到月底，整整半個月望不到打了勝戰的「祖國」軍隊來到，九月也幾乎處在「等無人」的狀況；到了十月五日才傳聞有位中國將軍飛臨台灣。

前進指揮所主任葛敬恩率領數十名官員，搭乘美軍飛機抵達台北松山機場，爲日後國府派任的行政長官陳儀來台就職做準備工作。台灣人引頸企盼的「祖國高官」終於來了，不幸後來「高官」成了「狗官」。台灣人私下譏諷日本人爲「狗」，而國府來的「狗官」，卻是「豬」的模樣，因而有「狗去豬來」的説詞出現。

開羅會議後，國民政府已有收回台灣的打算，因此在一九四四年四月，於中央設計局內成立「台灣調查委員會」，派陳儀出任主任委員，積極布局接收台灣的準備工作。待日本正式投降，「台灣省行政長官公署」於九月一日在重慶成立，任命陳儀爲台灣省行政長官。不知是陳儀不急於履新，還是中央交代的事未予傳達，這位新任台灣首長竟然遲不來台，一直到了十月二十四日，也就是受降典禮的前一天，才以「台灣省行政長官兼台灣警備總司令」的身分，偕同交通處長嚴家淦、工礦處長包可永、美軍陸軍上校顧德理、海軍上校凱爾於午後十二時五十分，從上海飛抵台北。

從八月十六日到十月二十四日整整七十天，台灣人沒有國籍、沒有政府，是名副其實的「亞細亞孤兒」；黃得時教授稱這段歷史爲：「眞空七十天」。無政府狀態的台灣人，過的是什麼樣的日子？

過去飽受日本人的壓制，如今「出頭天」的台灣人，不免採取一些報復行動，然而私刑懲罰日本人的行爲畢竟是少數的個案。大體來說，台灣人保持著「君子不計小人過」的風度，與蔣介石「以德報怨」的政策相呼應。而一些平日作威作福的日本刑事警察，這時也閉門思「過」，不敢出門一步。

十月十日，台灣人舉行盛大的中華民國國慶，慶祝「第一個雙十節」，各地演戲、燃放炮竹，提燈遊行，盛況感人。

十四日，中國空軍司令部派機來台空投〈告台灣同胞書〉，雖是善意的問候，卻引起一陣騷動。因爲大戰末期，美軍B24、B29轟炸機經常對台進行破壞性的轟炸，人心惶惶，難怪會聞「機」色變。

十五日，各地青年競相組織「三民主義青年團」，幫助維持社會秩序，「三民主義」一詞竟成了口頭禪。大家雖然不懂三民主義就是民族、民權、民生三大主義，但三民主義倡導的「自由、平等」，是做亡國奴的時代所嚮往的。祖國所談的三民主義，既是「救國主義」，也就是「救人主義」，而台灣人被救出來了，也享有三民主義所賦與的權利，「三民主義隨在人！」成了大家慣說的俗話。民主是以人民爲主，主人較大天，也就是「隨在人」！

幸好，台灣人一向有「序大序小」（尊長之分）的觀念，一切講求情、法、理。日本人在「法律」上的威權「教育」，也「教」得台灣人服服帖帖，守規矩，有分寸，不敢隨便亂來，更何況是作奸犯科，因此「三民主義隨在人！」說

說而已，不會用來違法犯紀。

日治台灣五十年，建設了不少的事業，而事業的經營主管都是「內地人」（日本人）。戰敗之後，所有權沒有了，經營權也得移交，跋扈專橫的日本主管認爲他們放下了工作，台灣人就有苦頭吃了。「頂司」日本人袖手不管，「下司」的台灣人義不容辭頂下所有的工作，讓一切運作順利進行，還期盼「祖國的政府」趕快派員接收。

「眞空七十天」，沒有政府、沒有事業主管，「當家做主」的台灣人從疏散地回來後，每天「出勤」（上班），回到工作崗位，不怕領不到薪水、不計較工作是否白幹，因此幾乎所有日本人遺留的事業，得以不停頓、不休工。台灣人發揮了高度的「自治精神」！

「眞空七十天」當中，與民生最密切的電力、自來水照樣供應，沒有一天停電停水，其他如郵政、電話、公路、鐵路一樣暢通無阻。

疏散到鄉下的呂泉生也自動回到「台北放送局」（中廣前身）上班，恢復正常廣播。他還熱心的幫聽眾尋找中華民國國歌的唱片，想不到發現的資料寫的是中國國民黨黨歌。

日本殖民政府發行的台灣銀行鈔票，雖然出現通貨膨脹的現象，但照樣流通，買的照付，賣的照收，不因沒有政府的「信用保證」成了廢紙，維持經濟的安定。

黃得時教授追憶這段「眞空七十天」，說了一段很重要的話：

「尤其是要大書而特書的，是治安的良好。我曾經把這七十天的報紙通通查遍，並未發現有一件搶劫、殺人、強暴的案件。這是因為一般老百姓都認為自己已經脫離日本殖民地的桎梏，好不容易才歸回祖國，成為大漢民族，因此，必須保持大漢民族的胸襟與矜持，絕不作奸犯科而來的。況且台灣自從日據時代以來，嚴禁民間持有槍械，所以不會發生槍擊案件。至於歹徒殺傷警察之事，五十年間，很少發生。即使深夜一時至二時，在大街小巷一個人走路，亦不會遭到歹徒的殺傷或恐嚇。」

台灣人期待祖國接管的心情是有目共睹的。不少人每晚學唱中華民國國歌，有人知道中華民國國旗是迎接接收人員不可少的，因此趕製國旗，「青天白日」有多少道光芒，根本不知道，連國旗怎麼掛也不曉得。「太平町」（延平北路）街道高懸的歡迎標語，雖然沒有將國旗畫倒了，不過也掛反了，左右異位。

講「國語」，也成了學習時尚，熱潮熾烈。台灣流行歌曲作詞家陳君玉早年去過大陸，說得一口「官話」（北平話）。戰時，陳君玉是台北市僅有三處「北京話講習所」的講師，他在大稻埕開設「燕京語同好會北京語講習所」。日本殖民政府允許開班授課，是爲了「培養翻譯人員」，攻打「支那」不能沒有懂得「支那語」的人。盟軍飛機轟炸台北最猛烈之時，陳君玉疏遷到樹林鎮附近山上，講習所也因此停開。大戰終了，他在台北講習所的鄰居跑到山上通知他說：「先生，快下山來吧！講習所的門快要給砸破了！」於是他趕忙下山，掛起「呢喃巢讀書會國語補習班」的招牌。

「喜離苦雨淒風景，快睹青天白日旗」，這是歡迎國府軍隊的對聯。然而大家群聚基隆，看到下碼頭的竟是衣著破爛，挑鍋背傘，裝備不佳，精神萎靡的「棉被兵」，好不失望！

一九四五年十月二十五日，中國戰區台灣省受降典禮在台北市公會堂（今中山堂）舉行，由台灣省行政長官陳儀代表中國戰區最高統帥受降，正式宣布：

「從今天起，台灣及澎湖列島，已正式重入中國版圖，所有一切土地、人民、政事皆已置於中華民國國民政府主權之下。」

台灣的「主人」，由「台灣總督」變成了「台灣省行政長官」。

日治時代，台灣人奉公守法、「足規矩」（規規矩矩做人），在日本嚴刑峻法「調教」下，可以說一介不取，而且夜不閉戶。然而新政府一到台灣，就發布了一些台灣人聽不懂的名詞：禁止「揩油」、「舞弊」、「貪污」、「回扣」。替公家辦事，是天經地義的職責，是一項榮譽，怎能不戰戰兢兢，如履薄冰？惟恐做不好事，哪能占公家便宜？什麼叫揩油？怎麼舞弊？如何貪污？取回扣？搞得台灣人很「認眞」地探求其中奧祕。

台灣省長官公署也許是因爲接收日產忙暈了頭，竟然忘了轄下的台灣人已經有七十天沒有國籍，彷彿有人被統治就行了，管他「何許人」？反正他們是日本人不能「要」的台灣人！

一九四五年十一月三日，台灣行政長官公署公告：本省日據時期印有之郵票，加印「中華民國台灣省」字樣，暫行通用。這段「改朝換代」的時期，竟然還有鄉下郵局郵戳日期的年度，仍沿用日本昭和二十年，而不是中華民國三十四年或西元一九四五年。有位集郵家曾收藏一封「不知今夕何夕」，誰在當朝主政都不清楚的實寄封，可惜這一封珍郵不幸被竊，不然可以裝版供大家欣賞，看看這大時代的小插曲。

十一月二十二日，行政長官公署宣布，爲破除日本統治觀念，公布「各縣市街道名稱改正辦法」，先頒發台北、基隆、高雄三市政府遵辦，規定於當地縣市政府成立後兩個月內，將所有街道之日本名稱一律改正爲「發揚中華民族精神或紀念國家偉人之名稱。」今日台北市的街名成了「秋海棠葉」的版本，迪化街、天水路、酒泉街、哈密街、承德路……，以中國北方的地名做爲台北市北區的街名，使原本是台北市繁華的大稻埕地區，竟成了大陸的邊陲地帶！台灣各都市都有中華、中山、中正三條幹線道路，其法源也是來自這一段命令。

十二月十一日，行政長官公署又下了一道命令，公布「台灣省人民恢復原有姓名辦法」，日據時代因日本殖民政府推行「皇民化運動」，改爲日本姓名之人，得以恢復原有

「田園裡咱種樹咱栽，勞苦代過代。」一代一代流汗、流淚、流血的耕耘，也有歡欣收割的時刻。

姓名。「牧野雄風」回復爲林金生，「楊佐三郎」變成了楊三郎。

一九四五年年底，國民政府終於注意到他們「忘記」恢復台灣人的中華民國國籍，始明令沒有國籍的台灣人爲「中國人」。

台灣人此後開始「談天說地」，以「五天五地」的流行語來諷刺接收官員的顢頇和「無天無地」：

（一）日本投降前，因為盟軍飛機轟炸，所以「驚天動地」。

（二）日本投降後，聽到台灣從此光復，所以「歡天喜地」。

（三）接收人員到台灣，原性不改，所以「花天酒地」。

（四）重用外省官員，輕視台胞，政治混亂，所以「黑天暗地」。

（五）工廠關門，交通阻塞，物價飛漲，所以「呼天喚地」。

陳儀蒞台時宣告的「治台」口號：「實行三民主義」和「建設模範的台灣」，也被台灣人改爲「實行三民取利」和「建設謀叛的台亂」，接收則被稱爲「劫收」。台灣人對新來的政權，失望極了。

歷史學家說：「二二八事變的發生，是必然的，而不是偶然的。」眞有其道理。

一百年的往事已成雲煙，五十年的今事也必將「過眼」。一個世紀未必短促，半百歲月也必是漫長。台灣人不管以歷史意義來描述，或是用地理名詞來訴說，總是一句永恆的「名詞」；永恆就是不滅，永恆就是存在，不是嗎？「永恆」的台灣人不應再做「悲哀」的台灣人了！

「玉山崇高蓋扶桑」，日本領台後，將玉山改名為「新高山」，但台灣人的心靈，玉山永遠是如玉的聖峰。

台灣實業先驅

李春生

（1838～1924）

【語錄】

●「一人之智有限，合國之才無窮。」

●「讀書所要，不但審問、慎思、明辨而已也，貴在展卷如臨敵，切磋如對壘。」

【評價】

●「大凡學識、財產、名譽，為文明國品第人物之標準，而李公於此無一不備，而又罕有其儔。」——中西牛郎著《泰東哲學家李公小傳》

李春生的事業是在「茶香市街」大稻埕發跡，大稻埕是台灣最早接受歐風美雨影響的地區之一，也是西方資本主義入台的「橋頭堡」，此為大正初年的大稻埕街景。

「稻江首富」李春生，一八三八年一月十二日（清道光十七年十二月十七日）出生於福建泉州府同安縣廈門。廈門又名鷺江，因之李春生常以「鷺江李春生」自稱，時人也尊稱他爲「鷺江先生」。

他嘗言：「予生而爲櫓人兒。」就是說其父以操舟爲業；父李德聲，母林氏，育有四子一女，李春生是「屘子」。由於家境貧寒，他雖曾進過私塾，終因無法支付學費而輟學，以販賣糖果貼補家計。

「稻江首富」李春生以洋行買辦起家，進而經營貿易，縱橫商場，他的成功秘訣是「不在放膽，而在細心；不在冒險，而在耐久」。

買辦起家　台灣創業

清廷在鴉片戰爭，也就是外人所稱的「通商戰爭」中，被英國人打敗，於一八四三年簽下南京條約，從此解除海禁。廈門是開放五口通商的港埠之一，洋商西教接踵「入關」，李春生的家鄉成了歐風美雨侵入之地，他們很快成了洋教徒家庭。

十四歲，李春生跟隨父親信奉基督教；一八五一年，由英國公理會主持倫敦宣道會的施敦力亞歷山大傳道士領洗。此後李春生與西洋教會人士接觸頻繁，因此會講一口流利的英語，且與洋人交遊時，向他們學習經商之道。十九歲，李春生先後遊歷上海、寧波、福州、潮州、香港等地，也來到台灣南部的台南和打狗（高雄），他的視野、見識更爲寬廣了。

一八五七年，二十歲的李春生開始在洋行擔任「買辦」，首先在廈門英商怡記洋行（Elles & Co.）做掌櫃，從事洋貨及茶葉進出口貿易；他勤勉任事，頗得老闆愛利士的信任與器重。一八六四年，洪秀全掀起反滿民族革命，太平軍攻占福建，彰州陷落、廈門告急，居民紛紛逃難，人心惶惶，商場無法交易，洋行也不得不歇業。

愛利士結束廈門業務，原有意渡海來台，計畫在打狗港再設行，然而因事未果。一八六五年，愛利士另替李春生謀職，將他推薦給朋友約翰・杜德（John Dodd）。

蘇格蘭人杜德，有人稱「道先生」或「獨先生」，於一八六四年在台創設寶順洋行（Dodd & Co.），經營台灣茶葉與樟腦的出口，甚至曾從事台灣最早的拆船業。杜德可以說是初期推廣台灣茶葉的有功人士。他發現大嵙崁溪一帶多赤土、土質呈酸性，不利種稻，但適合開闢茶園，乃由福建安溪移入優良茶種，以貸款和保證收購的方式獎勵農民種植茶樹，也教導焙製方法，製造好茶。

一八六六年，李春生與杜德簽約，赴台準備擔任寶順洋行總辦。李春生來台的時間，有多種說法；一九〇八年，由日本人中西牛郎出版的《泰東哲學家李公小傳》說是一八六五年；《台灣史料稿本》記載，李春生自塡簡歷係一八六六年；墓誌銘則書一八六八年。雖然李春生「入籍」台灣的年代，記載各異，但這位來自唐山的外省人，成爲李氏家族的台灣第一代先祖，絕無疑問。

李春生爲寶順洋行在艋舺（台北萬華）向樟腦商寡婦黃莊氏租得一家店面，不料當地居民強烈反對，不得已於一八六八年遷移到大稻程；排外的艋舺人，此時亦因淡水河碼頭的淤淺，漸失「一府二鹿三艋舺」的地位，而接納洋商的大稻程，地位逐漸顯現，李春生也因之成爲了「大稻程茶香歲月」重要功勞者。

經營北茶　享譽中外

李春生任職寶順洋行，輔佐杜德經營茶業，「北台茶葉」得以崛起，並成爲台灣最重要的產業，兩人的合作無間，居功厥偉。

一八七五年十一月二十六日的《中外新報》中，李春生有如此記事：

「觀台北茶事崛興，竊信地靈人傑為言之不謬也。蓋淡水自產茶於茲，已歷十載，考其出產之始，粗細祇數百十擔，當日土人不諳炒製之法，始作俑之採裝者，無一敗不旋，茶事至是幾於中廢。時適余羈旋北路，物色斯地堪植佳茗，乃苦心勸令村人，巧製雀舌龍牙等項，復以善價為沽，利之所在，爭奇鬥巧者，踴躍栽植炒製，日盛月新，核計今春茶件已有十五萬箱之多，有心人早度來歲（預估來年）可有二十萬之有奇，不久當有透洋茶舟到此採運。眼前淡水土產，算來惟茶一宗，堪為首屈一指，且年盛月昌，尤在試製紅綠等類，果能見效，即深恐閩省茶利，將為淡水所奪。所可恃者，茶葉嫩鮮，水色濃厚，氣味清香，洵為天下無匹。中西商賈趨淡採裝者，絡繹載道，可謂知子都之姣者也。省廈兩口之烏龍，為淡葉衝消戕害，幾乎一蹶塗地，廈門茶户，畢竟大失所望。乃有先見者，已於今春攜資東渡，易地經營，大都倍蓰其利，觀望不前者，至是始悔不早知今日。日來業茶人，接踵繼至者，或租行賃棧，或購地起館，莫不爭先恐後，預作來年之計。」

李春生從事茶葉買賣，必定親自到茶園觀察茶樹的生長情形，研究土壤的成分。他用十年的時間教導農民栽種、炒製「天下無匹」的茶葉，打開台灣烏龍茶的國際市場，尤以輸出美國最多，致使福州、廈門之烏龍茶葉一蹶不振，不得不紛紛渡台，前來台北「租行賃棧」或「購地起館」，北台茶葉也因此享譽中外，成爲台灣最重要的產業之一；故有人尊稱李春生爲「台灣茶葉之父」。早於一八五〇年代，台灣即有深坑、坪林尾兩處茶園，惟「不諳炒製之法」，台茶有今日聲譽，「首創」之績，應歸功英人杜德，不過李春生的協力經營功不可沒，至於「台灣茶葉之父」封號是否「適配」，有待公論。

多角企業　白手成家

李春生於寶順洋行休業後，轉任英商和記洋行(Boyd & Co.)總辦；一八九七年四月，他向洋老闆提出辭呈，開始自行創業，除外銷茶葉，也經銷三達石油公司之煤油，由於經營得法，獲利甚多，財富逐漸累積。煤油是彼時照明工具油燈的主要燃料，李春生於一八九七年投資「照明市場」，至一九〇二年，短短四年之間，營業額已占台灣全年燈油市場的一半，與怡和洋行成爲北台灣的兩大石油代理商。

他平日勤於閱讀西書及報章雜誌，故更能瞭解世界潮流與世界大事，如香港的《萬國公報》即是他必讀的刊物。而後，他經營的進出口貿易愈做愈大，無往不利，皆得自於掌握時機。其經營的出口項目以煤、樟腦、茶、米、糖爲大宗，進口則以煤油、布匹、洋貨爲主，可謂包含主要民生物資，難怪即成鉅

富，時有「台灣第二富翁」之稱，僅次於板橋林本源。連雅堂《台灣通史》在〈貨殖列傳〉將李春生列入，並與陳福謙、黃南球同列爲近代台灣三大貨殖家。

師大歷史系教授吳文星以當代的「新富」，來說明李春生創業成功的原因：

「春生以白手創業，竟及身而成鉅富，誠是一大奇蹟。時論認為其成功之秘訣：『不在放膽，而在細心；不在冒險，而在耐久。資本恆用三分之二，利益每期最少之數，是故，有進無退，多得少失；日計或不足，月計則有餘；月計或不足，歲計則有餘。』實則春生與近代中國多數成功的買辦相同，除具有傳統商人勤奮、縝密、務實的優點外，能隨時吸收洋商之知識和經驗，善加利用其買辦的身分，經營自己的事業，因此而能加速其財富的累積，迅速崛起，一躍而成為『稻粱滿野，宅第連雲，富視臺澎，聲施閩粵』的『新富』（Nouveau Riche）。」

關心世務　建設北台

李春生從事國際貿易，自然關心時局世務，他認爲一八六〇年代，清廷師法西方軍事武裝「堅船利砲」爲中心的自強運動甚不得法，因爲僅致力於軍火舟艦之末技，顯然捨本逐末；而東鄰的島國日本卻是「步武西法，兼事政教，可謂大得聖人之奧」，因此「詆日本驟變國制，步武西法，或譏其輕狂，或嗤其尾大」是「非徒無益而尤害也」。

一八七四年，日本政府以三年前六十九名琉球漁民在海上遇到颱風，漂流到八瑤灣，結果五十餘人遭牡丹社原住民殺害，藉機派兵報復，李春生撰文

〈台事〉七篇投稿香港《中外新報》，建議議和，強烈抨擊不務實際的主戰是迂儒做法，不懂維新後的日本「後生可畏」；他並主張，自強應該先從台灣開始，而後再推行中國各地才對。李春生認爲，

「地既新闢，疆域不廣，其人亦有進取有為之氣象，以為其維新之校場，則變通之政，可先試施之於此，而後漸推於其他。」

李春生發跡後，不僅在言論上鼓吹「加強台灣防務，移民墾台，開發富源，振興產業」，行動上也參與了北台灣的各項經濟建設。

一八七八年，台北知府陳星聚募資建造台北城，李春生捐獻巨款，並擔任台北城建築委員，與板橋林本源家族的林維源分任督造工作。

中法戰爭，登陸基隆的法軍毀損八堵煤礦，他捐款復修。

一八八六年，劉銘傳規劃在大稻埕新關市廛，李春生與板橋林維源響應新市街起造計畫，成立建昌公司，合築建昌街、千秋街洋樓店鋪，出租給洋商，對此後兩街成了「茶市」頗有裨益。

一八八七年，巡撫劉銘傳興築台灣第一條鐵路——基隆到新竹段。一八八九年，他受命爲台灣鐵路敷設委員；由台北大稻埕橫跨淡水河，在大稻埕西邊河岸一帶的石郞，就是由李春生親自測量繪圖督造。一八九一年，鐵路竣工，李春生獲清廷「敘五品同知，加賞戴藍翎」殊榮。

台省設蠶桑局，任命林維源爲總辦、李春生膺任副總辦；向大陸內地採購桑苗，獎勵農民於觀音山麓種植，以供養蠶取絲，可惜因劉銘傳離職而「人去政息」，未有成效。

身爲大陸來台的「唐山客」，李春生不僅事業有成，名列鉅富，也成了清廷拉攏的對象。他還擔任洋藥釐金總局監查委員、台灣茶葉顧問、台北府土

地清丈委員等職。

一八九四年，也就是清廷失去對台統治權的前一年，李春生出版第一本文集《主津新集》，分爲四卷，凡九十五篇，收集一八七四年至一八九三年計二十年間刊載於報紙之文章彙編而成，「其中關於宗教道德哲學之作占三分之一，」研究李春生的學者吳文星評論，「春生一如中國的王韜、鄭觀應等人，乃是早期鼓吹變法維新的先驅者之一，其堪稱為台人中第一位維新家。」

李春生在清末幫助台灣巡撫劉銘傳建設北台；日治後，他也成了殖民政府的「諮詢」士紳，這位虔誠的基督教徒，不矜功自伐，有守有為，難怪為鄉民所敬。

變亂守安　日人表彰

一八九五年，清廷讓台，日本政府憑馬關條約接收台灣，義不帝倭的台灣人，和原清廷駐台官員成立「台灣民主國」。日軍登陸澳底後，台灣民主國官員眼見形勢不利，紛紛遁逃，台北城頓時淪爲無政府狀態，散兵流民趁火打

「番勢」李春生不僅有累百鉅萬家財，同時也是一位大善人，但是更重要的他是一位思想家，在保守封閉的時代，有獨特的思考批判能力。

劫，遍處哀鴻，人心惶惶。李春生等眼見此一亂局，非即早收拾，必難以善後，乃與洋商、士紳集商善策，最後決議應請日軍「和平」入城，戡平暴徒，恢復社會秩序，保全居民生命財產，因而有辜顯榮赴水返腳（今汐止）迎日軍入城之事，讓日本人兵不血刃占有台北。

李春生以「吾猶主何者，以彼我兵力強弱之相敵也」，而有「不與敵戰」之策。論者有謂：「李春生於日人據台之前，早已有『錢』有『勢』，與政府當局也都保持著禮尚往來，而非逢迎奉承的關係，因此政權轉移在他看來，並不是鯉魚躍龍門的良機，根本不作投機的打算。」（《臺灣教會公報》一七四〇期）李春生則自言：「某於變亂中，能守安遇樂天之操，去者贐之以義，來者接之以道。」

日本人入台北城宣布始政，社會治安仍然不寧，日軍爲鎮壓掃蕩「土匪」（在我方而言應爲義民），每有藉事擾民、虐民或誤良爲莠等情事發生，而不良台人亦有乘機假日人之名報宿怨或狐假虎威的現象。七月二十日，李春生邀請台北地區各堡紳商代表連署，在其領銜下向台北縣知事提出設立保良局之建議，很快獲得台灣總督府同意辦理；八月，保良總局於大稻埕建昌街泉興茶館奉准成立，推舉前清廩生劉廷玉、葉爲圭爲正、副主理，李春生擔任會辦，以民間主動要求設置之申冤、劈誣、救良、極善爲目標的「守望相助機構」，協助日本軍政府維護地方治安。保良局後來成了日本官方出資支持機構。

一八九六年二月，台灣總督府因李春生組織保良局及協助維護台北城內治安有功，敘勳六等，授單光旭日章。同時獲此表揚者另有辜顯榮，他們兩人乃是最先獲得總督府明令表彰的人。

同年六月，保良局功成身退，予以關閉，李春生又與大稻埕富商成立「大稻埕工商公會」。日治初年，李春生籌組並參與保良局與大稻埕工商公會，以期協助當局維護社會秩序，處理地方公共事務，雖云「以私濟公」，但改朝換代下的現實主義，拿捏得宜，未嘗不是他獲得日本人禮遇的原因之一。因此在一八九六年，他與辜顯榮同因「協助有功」，獲樺山資紀總督敘勳六等，授瑞寶章。

一八九六年春，李春生應台灣總督樺山資紀邀請，攜孫兒延齡、延禧、延昆及親友子弟李解紛、李源頭、陳培炳，一行七人旅遊日本，返台後撰述《東遊六十四日隨筆》，對日本風景有「疑為黃粱夢境，或誤入桃源，故騁遊至是，猶當為蜃樓海市，鏡花水月，不敢信以為無」之讚美，並認爲日本之所以強盛，乃因爲：「男女學校之盛；博物院勸工場之巧；新報館之繁；耶穌教堂與信徒之眾。」學校眾多、教育普及；博物館大、收藏豐富；報館林立、言論自由；教堂廣設、宗教自由。這四項是李春生對日本最深刻的印象，難怪他對母國的滿清政府有如此慨嘆：

> 「嗚呼，可以人而不知變通從權，自甘固執陋俗，苟且偷安，至於喪師辱國，割地求和，而累數百兆生民，共玷唱唱保（即「豬尾奴」，應為「清國奴」之意）之臭名，不圖一思廣居、正位、達道諸名義，不亦哀哉！」

一八九七年四月，依前年一月發布之「台灣紳章條規」，首次頒發三十六名台人紳章，開啓優遇具學識資望的台人之獎勵，李春生名列其中。

同年十月，李春生擔任台北縣參事，此爲殖民政府基層行政機關建立之後，所延攬地方有資望和學識之台人出任之「要職」，或爲參事，或爲街慶社長。參事一職無固定任期，甚至得父子相襲：一九〇二年，李春生轉任台北廳

參事，六年後（一九〇七年），由長子李景盛繼任。

一九二二年七月，台灣總督府成立「台灣史料編纂委員會」，延攬李春生擔任評議員。

翌年四月，日本皇太子裕仁（即後來的昭和天皇）蒞台遊歷，特安排對時年八十有六的李春生敘勳從六位勳五等。

樂善好施　持盈保平

李春生以買辦起家，縱橫商場，初得滿清台灣巡撫賞識，復獲日本台灣總督禮遇，眾望所歸，難怪台灣民間俗話有「番勢李仔春」一語流傳。「番勢」與「凡勢」在台語諧音，凡勢意爲「有可能……」「說不定」；李春生因乘洋人（台人曰「番仔」）之「勢」崛起，而成爲名望之家。有此說詞，足證時人對他的仰望。

李春生富甲稻江，但生性節儉，不過絕不是守財奴。他對教堂、公益事業一獻千金的事例甚多。日治後，他的義行依《臺灣教會公報》一七五九期（一九八五年十一月十七日，係由曾孫李超然所提供李春生履歷書之記載），除了一八九七年，李春生長老在台北西門街外，帶頭奉獻三百坪土地及日幣二千圓，爲建造後來的「濟南街」教會基金外，其他列舉如下：

一九〇九年八月十一日，為澎湖窮民救濟義金獻出五百圓。

一九一一年，為水災賑濟義捐六百圓。

一九一二年，為南極探險寄附（意即捐款）二百圓。

一九一二年四月十五日，為大稻埕公學校建築寄附二百圓。

一九一二年，為水災寄附三百圓，為孤寡義捐一百圓。

一九一三年，再為大稻埕公學校建築費寄附二百圓。

一九一三年，再為大稻埕公學校建築費寄附二百圓，為台灣風、水災義捐六百圓，為花蓮基督教會寄附二百圓。

一九一四年，為大稻埕教會建堂獻金一萬圓。

一九一五年，為台中中學（今台中一中）寄附六千圓，為台中普通公立中學校建築費捐一千圓。

一九一八年，為台灣私立商工獻二千圓，

李春生的善行，在當代即廣為人知；由於他是基督教徒，捐建教堂更是「出手大方」。此照為他（前排中）與教會長老等人合影。

為埔里社地方震災義捐一百圓。

一九二一年，為北中國旱災捐四百圓。

一九二二年，為淡水中學寄附三千圓，為中國汕頭水災寄附二百圓。

李春生晚年的「大善人」行爲，是他在「無所求」的歲月中，對傳教、教育、賑災再付出的關懷。一九一〇年代刊行的《台灣列紳傳》介紹他時，已將李春生說成市塵中「仙風道骨」的高人了：「……惟以簡約自居，持盈保平，不求競金谷豪華……近時接人殊靜溫，不多談時事。移榻於淨室，小窗愛日，養花於玉盆，枕頭弄香，興到即吟，倦來釋卷，襟懷幽曠，天地不復知何所牴觸。所謂動與神合、靜與道俱者，是此翁歟。」

著作等身　稀世奇才

李春生，做爲一位基督教徒、一位洋行買辦、一位大貿易商，他從不忘自己是「東方人」。李春生早年即有《主津新集》與《主津後集》的著作。他曾說：「孔子之教是為治國，耶穌之教是為救世。兩者有相輔、無相悖。蓋有孔子之教，益彰上帝之靈；有耶穌之教，越顯孔子之聖。」

一九〇二年，他雖處海隅，卻呼應四川總督岑春暄刊布切禁仇教示文，出版《民教冤獄解》，宣揚耶穌，提出民教相安之策。翌年，

救主降生一千九百零七年

天演論書後

大清光緒三十三年歲丁未

福州美華書局活板

西曆一千九百零八年

東西哲衡

明治四十一年

福州美華書局活板

白手成家的李春生，也自學有成，他的著作近年來成為學界探討的對象：《天演論書》與《東亞哲衡》是在中國福州付梓的活版印刷書，年代分為大清光緒和明治

又刊行《民教冤獄解續篇》。一九〇五年，再有《民教冤獄解續篇補遺》之作。

一九〇六年，李春生再出版《耶穌教聖識闡釋備考》一書，主要在闡釋新、舊約聖經。

一九〇七年，《天演論書後》付梓，他以其宗教信仰批駁赫胥黎、達爾文等人所主張人由猿遞變之學說；更極力反對「生存競爭，優勝劣敗」的觀點；他對「物競天擇」的弱肉強食，不符「人性」，做了如此批判：

「自其馴者讀之堪資鼓勵民志，誠可佳也，若在黠者行之正以激其生比劫奪，小者狡謀不義，大者若列強之攫取殖民工地者，何一而不循此物競方針，以掠奪他人之邦國，讀者宜其必援此為鑑，庶乎可焉者矣。」

「奈何彼赫氏輩，偏謂天地萬物無主，必欲編此自然擇、自然演，以為造物之替身，而符其學說之原義。」

難怪他認爲《天演論》，「若不加以宗教，併行道德人義，則吾敢決言，是進

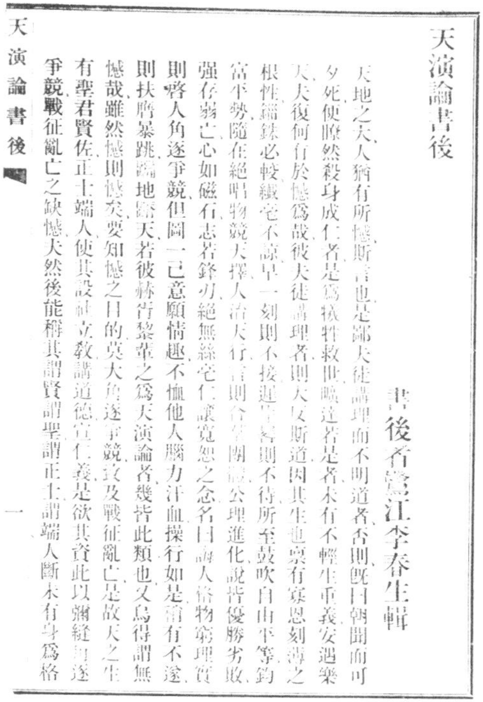

天演論書後

書後者鷺江李春生輯

天地之大人猶有所憾斯言也是謂夫徒講理而不明道者否則既曰朝聞而可夕死使瞭然殺身成仁者是爲犧牲救世贖道若是者未有不輕生重義安適樂天夫復何有於憾爲哉彼夫徒講理者則大反斯道因其生也稟有寡恩刻薄之根性錙銖必較纖芒不諒早一刻則不接遲片晷則不待所至鼓吹自由平等均富平勢隨在絕唱物競天擇人治天行言則合羣團體公理進化說皆優勝劣敗強存弱亡心如磁石志若鋒刃絕無絲芒仁讓寬恕之念名曰爲人格物窮理實則與人角逐爭競但圖一己意願情趣不恤他人腦力汗血操行如是寧有不遂則扼腕暴跳踊地籲天若彼赫胥黎輩之爲天演論者幾皆此類也又烏得謂無憾哉雖然憾則憾矣要知憾之目的莫大角逐爭競致及戰征亂亡是故天之生有聖君賢佐正士端人使其設社立教講道德宣仁義是欲其資此以彌縫角逐爭競戰征亂亡之缺憾夫然後能稱其謂賢謂聖謂正士謂端人斷未有身爲格

天演論書後　一

李春生《天演論書後》的內頁，物競天擇學說風行全球之時，他即持異議反駁，或許他的立論基礎有待補遺，但別出心裁的見地，難能可貴。

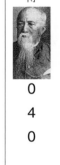

鑾也，非進化也。」

一九〇八年，李春生再出版《東西哲衡》，一九一一年又有《哲衡續編》付梓，其「泰東哲學家」的地位更加不移。

他認爲自由並不是「任人所欲，爲所欲爲」，否則「自由」和「平等」一樣，是不可能爲人所享有者：

「……自由二字，於西經原文是『里華底』（筆者註：Liberty），譯即權宜之謂，意者：行得其宜，則權可自由，行失其宜，雖有權亦不得自由。若是者，可知今之所謂『自由』者，不過為『釋放權宜』之代名詞已。究竟莫論出入人間世，皆無自由之地位。」

從李春生在《東西哲衡》一書中〈懲覆政府滅宗教之非〉〈懲均富共產之謬〉兩文對共產主義的批判，可證他是「台灣反共的先知」。他明確判定共產主義的均富理想不可能實現：「富惟不均，固能有富，產惟不共，固能有產，一旦曰均曰共，則富、產二字俱去。」李春生能在共產主義大本營的俄國尚未爆發革命之前，即有此看法，絕非商賈之見，對今日共產世界不是解體就是改革，更加令人感佩其眞知灼見。

李春生著作有十二部，多達數十萬言。台灣哲學宗師曾天從說：

「李先生之思想內容，由其所論及之對象範圍觀之，大致可分為四大

日人中西牛郎所著《泰東哲學家——李公小傳》，此書出版於明治四十一年（一九〇八年），他在緒論上寫：「今日台灣之支那民族，大約三百萬（註：彼時台灣人口數），亦云多矣，而三百萬人之中，求其有學識者，固為不少，然若李公者，能有幾人？」

部類：第一則為關於時事世務問題之討論；第二則為關於禮教民俗問題之懲辯；第三則為基督教教理之闡釋；第四則為東西諸書籍之評論。」

曾天從肯定李春生是「稀世之奇才」，但對其著作有如此之言：「其著作內容，稱之為宗教倫理思想可也，稱之為哲學則尚遠不及者也。蓋其尚缺為學之在基礎上及方法上之必須具備之諸條件，而又缺對於科學理論之深確之瞭解故也。」

不錯，雖然當代有人即以「泰東哲學家」讚譽李春生，但他僅是一位民間學者，然而和同時代抱殘守缺的知識分子相較，他的見地、思想、主張，以及他的勇於批判，已經證實他是一位思想家了。

手訂家憲　垂緒後昆

白手起家，隻身創業的李春生以「開台世祖」的大家長身分，期望其子孫「互相親愛，以保平和福祉」，也囑咐「全家族舉皆崇奉眞道，不許歸依異教」「全家族當念不忘李春生創業之艱難」，他認爲自己的財富來自「守道安分、勤儉持家」，以及「深叨上帝眷佑」；生前對分產、治產以及顯揚「全家族之名譽」，無不用心規劃，而且以大家長的身分寫下對下一代、下下一代、再下下一代的深深厚望。

李春生立下遺囑，對三個兒子的性格有不同考評，並做遺產分配的依據，以「竭力職務」「頗盡義務」「疲懶嗜好、一事無爲」加以評分。

雖說「國有憲法，家有家規」，但家規「立憲」實屬罕見；李春生親立〈家憲〉，「自為第一次之家綱，實行本憲，以垂風範於後昆。」李家〈家憲〉之前言爲：

「竊維憂勞興邦，為千秋之炳鑒。勤家保家，豈非不易之極軌？乃父春生起身寒陋，數十年來，積勤嘗苦，締造基業，貽諸子孫，雖未足以表揚於社會，亦有面目對於人間；爾等光大吾業，傳之長久，則乃父之志，庶其弗荒矣。

嘗慨父祖一氣，分於子孫，子孫繁衍，遂忘厥本，棠棣之華未萎，鬩牆之訟先起，尋其所以，咸由財產，悲夫！祖先之所經營，為子孫之爭端，加以驕奢不成，滿盈招損，是以顯貴無三世之榮，富豪有百年之憂。乃父夙昔所慮，尤在乎斯，今制〈家憲〉，垂緒後昆，嗟不慎初，曷令其終，創垂之責，實在爾等，切願所定各條，實力奉行，乃父崇奉耶穌之教，竭誠信仰，新舊兩約之旨，默識心通，平生著作，蔚成巨冊，無希名山之藏，亦有不朽之志，子孫披覽，研究真道，則乃父之願，方為滿足。

〈家憲〉為章凡八，為條凡五十四，凡為吾子孫者，誠能遵守，罔之或違，則乃父之業，可以不墜，而吾家之福，可以無疆也，爾等其勿忽諸。」

李春生的〈家憲〉共分家綱、家族會、財產、會計、營業、訓誡、賞罰等章節，每章條列分明。他所說：「顯貴無三世之榮，富豪有百年之憂」，正是台語的「好業無過三代」。為保持家聲於不墜，〈家憲〉中載明組織「長春公司，以防分裂。」所以稱「長春公司」，是希望能藉此「家族公司」的運作，而得以「增殖李春生之業，而傳之長久之也。」

「各房男子，正妻之外不許蓄妾」「不許

李春生長老誕辰一五〇週年紀念標誌，大稻埕今仍有兩座基督堂與他的「事業」相關。

吸食阿片（鴉片）及耽習賭博」更是他告誡子孫必得恪遵之事。

一九二四年十月五日（農曆九月初七），福祿壽俱全的李春生以八十七高齡蒙主召歸。葬禮於十月六日以宗教儀式舉行，但是亦循傳統禮俗，鮮花、輓聯、輓軸、輓旗、誥封亭、大壽亭、樂隊、邐迤長達六、七里，頗爲壯觀，送葬親朋有五百餘人之多。

魏清德爲李春生撰墓誌銘，述其不平凡的一生：

乾坤清氣，載鍾英傑，有鬱其馨，李公明哲，
惟公之生，若蘭斯茁，不官而商，左旋右挈，
有清末季，上下相蒙，著書警世，誘發其衷，
公言如矢，不偏而中，公眼如炬，表裡咸通，
人欽 偉，公獨老成，鷺江鵲起，鯤島蜚聲，
兩朝眷顧，為世之榮，授勳敘位，奄有令名，
公之為人，清淨純樸，受寵若驚，知足不辱，
晚年杜門，經史寓目，風雨名山，積成卷軸，
公之德門，克享長年，公之報厚，瓜瓞綿綿，
日月逝矣，館舍爰捐，銘以誌實，永配靈阡。

《李春生紀念基督長老教會設教五十週年紀念冊》。戰後，「港町教堂」的合唱團曾以唱彌賽亞名聞全台，可惜今無為繼。

李春生元配鄭夫人有子三房：景盛、高盛、添盛。長子李景盛爲前清生員，台北廳參事、新高銀行總經理；孫延齡爲市協議會員，延禧爲總督府評議會員，延澤畢業美國南加州大學經濟系，曾孫超然留學德國韋恩工業大學，是台灣第一位化工博士。子孫遵守〈家憲〉，不乏俊才。今台北市大同區有兩座與李春生有關的教堂尚存，一爲一九一四年他出資起建的大稻埕長老教會禮拜堂，一爲一九三五年，他的後裔爲紀念先人而設立的貴德街（日治時代名「港町」）李春生紀念教會。

「李春生紀念教會」座落於台北市大稻埕港町（今貴德街），日治的「港町」即清末的建昌街、千秋街，此街亦為他與林維源投資所興建；此照為一九四七年教堂十週年紀念照。

李春生年表

年份	年齡	事蹟
1838	01歲	一月十二日出生於福建廈門。
1851	14歲	受洗爲基督教徒。
1856	19歲	遊歷上海、寧波、福州、潮州、香港等地；也初涉台灣，到台南、打狗（高雄）。
1857	20歲	進廈門英商怡記洋行，擔任買辦。
1865	28歲	結識杜德。
1866	29歲	進寶順洋行工作；來台創業。
1875	38歲	擔任洋藥釐金總局監察委員、台灣茶葉顧問。
1878	41歲	擔任台北城建築委員。
1882	45歲	因捐款台北城建設經費。
1886	49歲	與林維源投資興建大稻埕建昌街、千秋街洋樓。
1887	50歲	擔任台北府土地清丈委員。
1888	52歲	養蠶局成立，擔任副總辦。
1891	54歲	擔任台灣鐵路敷設委員。

1891	54歲	因督建鐵路有功，敘五品同知，加賞戴藍翎。
1894	57歲	《主津新集》出版，為第一本付梓文集。
1895	58歲	日本據台，擔任保良局會辦。
1896	59歲	獲台灣總督府敘勳六等，授單光旭日章。創設「大稻埕工商公會」。攜孫兒及親友子弟遊日，返台撰述《東遊六十四日隨筆》。
1897	60歲	獲頒紳章。擔任台北縣參事。
1902	65歲	擔任台北廳參事。《民教冤獄解》出版。
1903	66歲	《民教冤獄解續篇》出版。
1905	68歲	《民教冤獄解續篇補遺》出版。
1906	69歲	《耶穌教聖籤闡釋備考》出版。
1907	70歲	《天演論書後》出版。
1908	71歲	《東西哲衡》出版。
1911	74歲	《哲衡續編》出版。
1914	77歲	捐一萬圓起建大稻埕長老教會禮拜堂。
1922	85歲	擔任「台灣史料編纂委員會」評議員。
1924	87歲	十月五日蒙主召歸。

台灣第一位法學博士

葉清耀

（1880～1942）

103 The Midori-kawa, Taichu. (臺中) 綠 川
臺中市の中央を流れる清流、兩岸に綠樹多く自然の凉味を添へ

● 葉清耀出身中部貧困家庭，晚年他選擇在台中地區執行律師業務，並參與台灣地方自治聯盟，此為台中市的綠川，兩岸柳樹，綠意盎然。

山城榜樣　有爲必成

一八九六年，第二任台灣總督桂太郎擬訂頒給台灣人紳章辦法，以「創設優遇具有學識資望者，俾能均霑皇化」。所謂〈台灣紳章條規〉審查頒授紳章的條件有二：

一、具有學識者，係指經舊政府考試成績或學力之程度及經歷。

二、具有資望者，係指資產之多寡，地方名望之程度及其事由。

桂太郎因任期短暫，沒來得及將台灣紳章條規付之實施，倒是乃木希典接任後，蕭規曹隨，公布實施。紳章縫著於左肘，是台灣總督特頒的殊榮，佩帶此章，身價百倍，還有「一人得章，雞犬升天」的氣燄。此一制度持續至一九二六年，才不再頒發，無疾而終。台灣總督府網羅這些台灣人才的佼佼者，雖是別具用心，卻也有見賢思齊之效；在那個時代，只要不做三腳仔（台奸）、不爲虎作倀，能以才、財獲章贈勳實在無可厚非。

台灣總督府編有《台灣士紳名錄》，將獲章贈勳的傑出台灣人的相片、大名、簡歷登錄其上；能入榜者，即被視爲功成名就的「大人物」，當時東勢區有四人入選，分別爲：張德榮（高等文官考試及格）、詹日新（新社庄長）、賴阿立（東勢區長）、黃春色（石岡區長）。東勢人常被教以這四位紳章級的人物爲榜樣，因此不少鄉人以迎頭趕上他們爲奮鬥目標。果然，之後有賴雲祥、朱阿貴、葉清耀取彼而代之。賴雲祥以造林一千餘甲，被來台巡訪的日本皇族封爲「台灣山林王」；朱阿貴考取教諭（具校長資格），又因籌組青年團、東勢

信用組合，以及剿番有功，被日本內閣封爲勳六等；葉清耀則是榮獲台灣第一位法學博士。他們三人所獲的榮譽直接得自日本，比起台灣總督府遴選的士紳名譽，自有不同意味。這是日據時期，台灣中部山城東勢留傳的一段史實。葉清耀苦讀苦學，在學術界崢嶸頭角，更是鄉人仰慕的人才。

苦讀出身　考取律師

葉清耀出生於一八八○年，東勢中嵙庄人。父親早逝，由母親務農，含辛茹苦帶大。他爲了分擔家計，孩童時代即幫忙母親的工作，因此就學甚晚，就讀東勢角公學校（今東勢國小）時，課餘仍要幫忙家務，下廚煮飯，直到深夜，但功課從不後人，尤其作文經常引經據典，頗得師長嘉許。

一八九九年公學校畢業後，因家境清寒，無力升學，隨長兄陳葉烈（從母姓）上山煉樟腦油。老師發現成績優秀的葉清耀竟然輟學，親往勸說陳葉烈，務必讓他的弟弟繼續升學，如果葉清耀淪爲伐木工人，實在太可惜了！陳葉烈知道弟弟聰穎好學，又聽了老師的勸說，決定資助葉清耀繼續上學。

葉清耀不負老師、兄長所望，如願考取舊制台中師範學校，一九○二年八月畢業，分發埧雅公學校（大雅鄉）擔任訓導（教師）；不數年，轉任台中地方法院書記、通譯。他感於擔任委任官升遷不易，非取得更高文憑，實難出人頭地，而當時台灣又無大學，於是辭去現職，負笈日本，考入明治大學法科深造。爲了籌措學費及生活費用，葉清耀在日本收購價廉肥肉，熬成豬油，寄回台灣銷售，半工半讀數年，終於完成大學學業。

當時日本高等考試試務所不准台灣人報考司法科考試，葉清耀甚爲不平。他與一位林姓朋友約定聯名呈遞參加考試請願書，不料朋友臨陣退縮，葉清耀

於是單獨求見司法大臣，呈上請願書，義正辭嚴地表示考試制度豈能內、台有別？司法大臣准其所請，葉清耀終爲台灣同胞爭取到司法科高等考試資格。一九一八年，他順利通過高等考試，成爲辯護士（律師），消息傳回鄉梓，東勢父老敲鑼打鼓，沿街鳴炮慶祝。

一九二一年，葉清耀返台，在台北市正式執業，爲同胞打官司，爭取權益。

伸張民權　蜚聲法界

一九二三年十二月十六日，在台灣總督府警務局指揮下，對台灣議會期成運動關係人展開全面大檢舉，一時風聲鶴唳。當天被搜查並扣押者四十一人，被搜查並傳訊者十一人，被搜查者十二人，被傳訊者三十五人，一共九十九人。六天後（二十二日），蔣渭水、蔡惠如、林幼春等二十九人被控違反台灣治安警察法罪嫌，移送台北地方法院檢察局。次年元月七日，台北地方法院日籍檢察官三好對蔣渭水等十七人起訴，請求預審。

這件史稱「治警事件」的巨案，三好檢察官求刑論告的要點是：

「本案犯罪成立的理由至為單純，只為已被命令禁止的結社，不予解散，又明知已被禁止的結社，而竟予加入。構成犯罪事屬簡單，但其犯罪狀況則可議之處甚多。台灣人在叫囂民族自決、民族解放，發動民眾運動以要求權利之前，應先慎重考慮自己的立場。……本案台灣議會設置期成同盟會員中，最年長者也僅是三十左右，其他均係二十歲前後，剛度過書生生活而已，……（他們）排斥同化政策，反對內地延長主義，不願做一個日本國民的人，除卻退出台灣以外，別無他途……。」

● 台灣第一位法學博士葉清耀是台灣「辯護士」（律師）的先驅之一。他在一九二〇年代的非武裝抗日民族運動即代表台灣同胞與日本殖民政府以「法」論「法」，以其「法」反其「非法」。

十七名被告聘請由日本人渡邊暢、若井孝太郎、長尾景德、渡部彌億、國原賢德、永山章次、有岸周，以及葉清耀組成的「治警事件辯護律師團」，葉清耀在庭上侃侃而談，爲這些被論告反叛罪嫌的書生辯護：

「檢察官說：『台灣議會請願是危險思想，而且攪亂社會的安寧秩序。』這樣的看法是完全錯誤的，他們未曾破壞社會組織，或做過顛覆政府的行為，被告等不過是依憲法的請願權，行使請願而已。又說被告等企圖獨立，這更是妄斷。台灣沒有獨立

● 治警事件第一審公判，請願設置台灣議會的異議分子被列為被告，他們與律師留此紀念照。前排左一即葉清耀，日本貴族院議員渡邊暢（前排中央）特別來台擔任特別辯護人。

的經濟，也沒有武器，只有炊事房的破菜刀而已，也沒有外國的援助，怎麼會獨立？」

葉清耀繼續論及「台灣統治方針」，朗讀台灣總督的諭告後，根據法律反駁檢察官的起訴理由。

又說：「政府禁止請願的結社，是剝奪人民的請願權。而檢察官所說：『禁止命令有限制將來的效力。』這是錯誤的。所謂禁止命令，不外是一種行政處分，對特定人的處分而已，不會對於將來仍有效力。」

葉清耀依法論法，爲治警事件被告辯護。他的論點不僅是爲這些書生脫罪，而是將台灣人的呼聲帶到日本人主持的法庭上，伸張正義。

中部人士漸聞葉清耀正直善辯的大名，陸續前往求教者日多。爲了業務需要，他在台中另設分所，後來由於中部業務日漸繁忙，他也有意多爲家鄉服務，乃決定結束台北事務所，移至台中執業。葉清耀辯才無礙，善於旁徵博引，平反了不少案子，蜚聲法界；所經辦轟動一時的豐原「三角子事件」，對方不惜重資，從日本聘請名律師花井博士來台，聲勢一時大振，終因在葉清耀詳細舉證下，對方仍告敗訴。

爭取自治　喚起公論

日人鑒於葉清耀望重鄉里，聘請他擔任台中州議會議員。他並不因受委公職而立場有偏，不敢有辱爲民喉舌之任。有一次審查教育預算，日人子弟就讀的小學校的預算編列比台灣兒童就讀的公學校高出許多，葉清耀對此二元化教育預算制度深感不滿，向日本官員提出嚴厲質詢，爲台灣學童的基礎教育爭取更多的經費。

台灣議會設置運動雖鍥而不舍的努力，但日本統治階級對請願書視同具文。鑒於台灣社會運動因文化協會的分裂，陷於混亂狀態，遂有台灣地方自治聯盟之議，以促進地方自治制度的實施爲單一目標。

一九三〇年七月二十八日，台灣地方自治聯盟辦妥政治結社報備手續，八月十七日在台中舉行成立大會，當天選出幹部，葉清耀被推舉爲理事。

台灣地方自治聯盟於一九三一年一月五日召開第三次理事會，審議由葉清耀等委員起草的「台灣地方自治改革案」（據葉榮鐘表示，執筆者爲張梗）。楊肇嘉攜此改革案，仿效台灣議會設置請願方式，提交日本眾議院及貴族院，但未蒙採擇。

台灣地方自治聯盟在台灣民眾黨被強迫解散後，成了台灣唯一合法的政治結社，原本不願插手地方自治以外政治問題的地方自治聯盟，在眾望所歸下，不得不爲台灣發生的一般政治經濟問題，向殖民當局反映，其所擔負的責任日重，因而受各方殷切寄望。

然而，地方自治聯盟的奮鬥一直徒勞無功，有人開始對叩頭哀求的請願運動表示不耐，希望地方自治聯盟能繼承台灣民眾黨的未竟之業，採取高姿態，與日人進行戰鬥。於是，台中支部提出地方自治聯盟改組案，但內部仍有人主張維持原來目標，不能激進，因此改組案在第二次大會被否決，會員之間充滿了不和諧的氣氛。

不久，台灣總督府總算將有意實施的地方制度改革案的大綱公諸報端，但官方的改革案和地方自治聯盟的改革案相差甚遠；地方自治聯盟深恐官方的改革案一旦正式發表實行，則多年的奮鬥付諸流水，如何向民眾交代？於是大家集會謀求對策，葉清耀深知此刻已不是以法論法的階段，必得喚起公論，對統治階級施壓，才能使改革案不致貿然公布實施。葉清耀的提案如下：

一、培養民眾的自治觀念，使其了解政府案之缺點，為此須刊行公民叢書或派遣幹部巡迴各地舉行講習會，俾他日利用民眾公意，促使統治階級順應民意。

二、萬一當局不准舉行講習會，則利用報紙廣為宣傳，喚起輿論，以一貫之主張啓發民眾。

三、在台中、台北、台南三地舉行台人日人聯合住民大會，以喚起輿論。

四、八月中旬赴東京，向台灣關係者，尤其是伊澤、上山等素對台灣具有同情之日本友人請求聲援，對日本政界之反對論者進行溝通；另在東京舉行台灣地方自治制度改革問題講演會，或利用報紙發表贊同者之意見，以期造成有利之輿論。

葉清耀此時甫獲法學博士不及一年，聲望正隆，他的登高一呼，地方自治聯盟當然採納他的意見。

法學博士　爲民奔波

一九三二年，葉清耀以〈刑法同意論〉論文，經日本明治大學法學部教授會審查合格，該校於八月十日，以第八號學位記，頒授葉清耀法學博士學位，是台灣第一位獲得法學博士殊榮之人。消息傳來，東勢鄉親特在公會堂召開慶祝會，並聯名贈送由名書法家劉曉頓所書「望重天朝」匾額一方。

葉清耀的博士論文〈刑法同意論〉於一九三三年六月五日由東京有斐閣發行，此書厚達六〇五頁。卷首爲當時日本文部大臣鳩山一郎題字，並由台灣總

督府總務長官下村宏作序。

葉清耀對地方自治聯盟所提供的錦囊妙計：「在台中、台北、台南三地舉行台人日人聯合住民大會」，以喚起輿論，理事會決議召開。

一九三三年七月二十三日，以「現行不完全地方制度改革促進全島住民中部大會」爲名、敦促實施完全地方制度的住民大會，在台中市樂舞台戲院舉行，千餘人參加盛

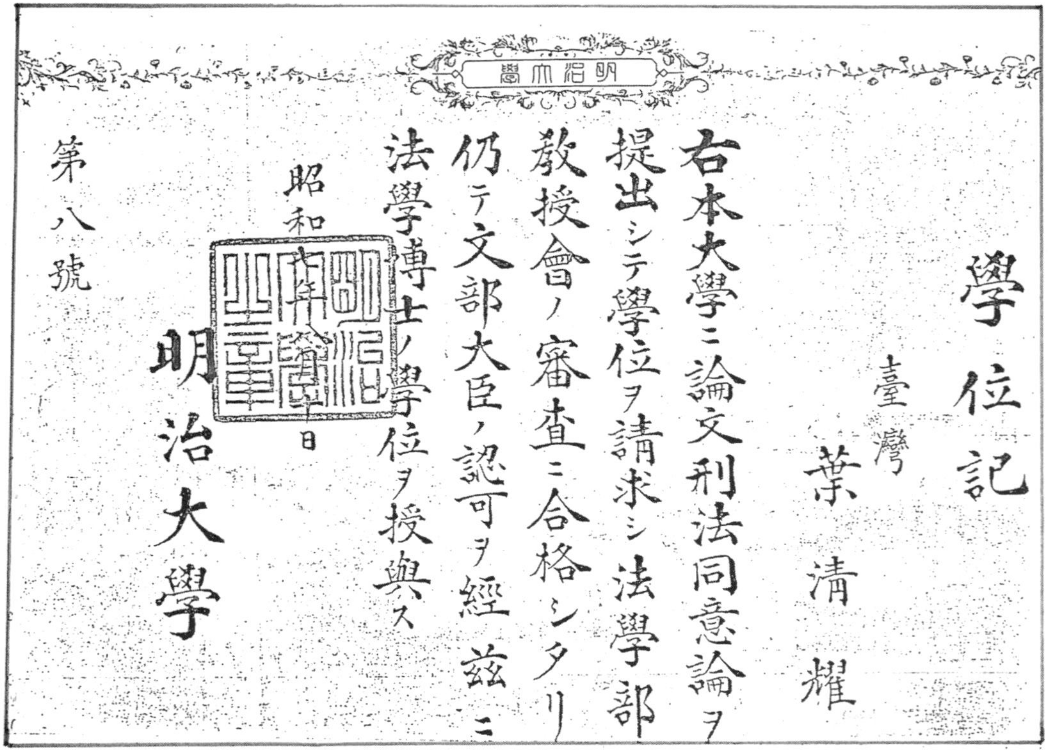

明治大學
學位記
臺灣
葉清耀
右本大學ニ論文刑法同意論ヲ
提出シテ學位ヲ請求シ法學部
教授會ノ審査ニ合格シタリ
仍テ文部大臣ノ認可ヲ經テ茲ニ
法學博士ノ學位ヲ授與ス
昭和
日
明治大學
第八號

● 葉清耀所獲得日本明治大學第八號學位證書，他是台灣人在法學上爭取到最高學位的第一人。他的成就有人以「望重天朝」來形容。

會，會場貼著不少標語：

「是非常時，正須和衷共濟；真大國策，無過一視同仁」

「要求一律無差別之普通選舉；獲得全部由民選的議決機關」

「民權伸張，唯此舉可致；政治光明，捨斯道莫由」。

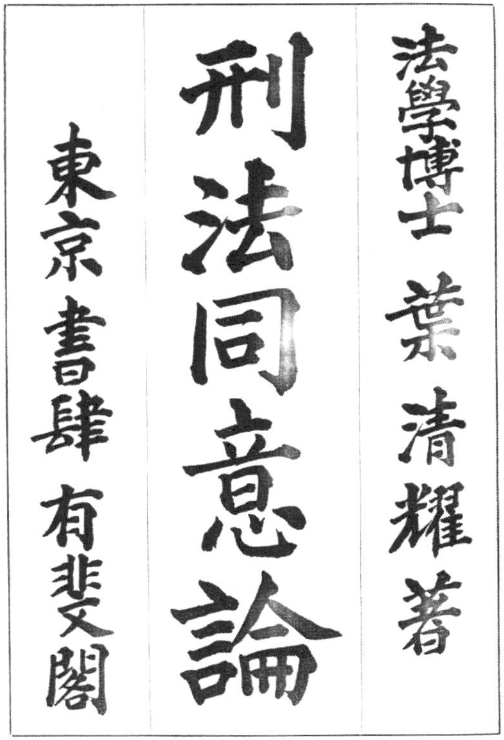

● 一九三三年，葉清耀以其博士論文出版《刑法同意論》，此書達六〇五頁，日本文部大臣、台灣總督府總務長官分為題字作序。

還有以下標語，被警察認爲「混淆視聽」，被強迫撤下：

「改革曙光已見，總督公約一言重比九鼎；實施日期未明，島民心事片刻長似三秋」

「機會均等，乃融和唯一捷徑；差別撤廢，是親善無二法門」

「徘徊中道自討無趣；反對進步是何居心」。

大會公推楊肇嘉爲議長，指派葉清耀等五人爲決議文審查委員，當場公布決議文如次：

一、吾人在不牴觸日本憲法之範圍內，要求即時確立台灣州市街庄以民選議員組織之決議機關。

二、污蠛吾人正當要求，散布邪說，牽制政府當局之改革者，認為無視國憲之非國民，應予大張撻伐。同時進言政府當局，勿作背悖時勢之措施。

會後，並開始政談演講會，葉清耀以〈要求台灣統治完美，應係官民所共容認者〉爲題，臨監的警察數次中止演講會的進行。

而後，住民大會於七月二十六日在台南市榮座（戲院）舉行南部大會；七月三十日假台北市蓬萊閣酒家（近圓環）舉行北部大會，日人頻加干涉，取締違反時局的言論。台灣地方自治聯盟遭受日人嚴重打擊後，心勞力絀，而且恐怕當局以「非常時期」爲由，將政府案也擱置不予實施，大家的奮鬥不僅白費，也勢必遭受輿論指責，說自治聯盟成事不足，敗事有餘，那時將何以自處？一九三三年八月二十六日，理事會鑒於朝鮮與台灣同爲日本殖民地，地方自治制度之施行，朝鮮先於台灣，由此關係上，獲知朝鮮之全般實情，進而了解朝鮮地方制度運用情形，可做爲台灣改革運動的他山之石，因此決議派遣楊肇嘉、葉清耀、葉榮鐘赴朝鮮考察。三人於十月七日到達釜山，歷訪朝鮮各地；由於日夜趕路，

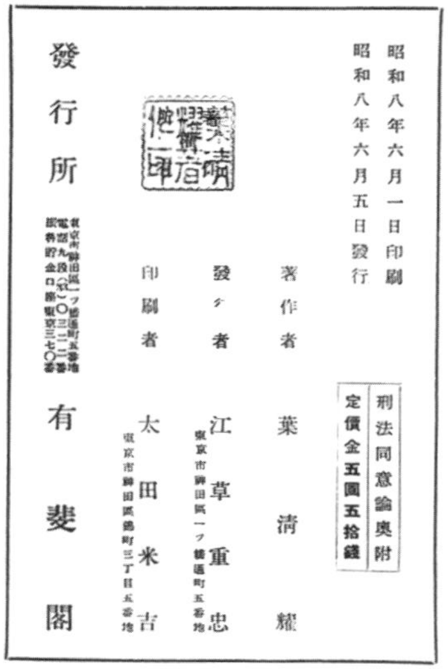

昭和八年六月一日印刷
昭和八年六月五日發行

刑法同意論奧附
定價金五圓五拾錢

著作者 葉清耀

發行者 江草重忠
東京市神田區一ツ橋通町五番地

印刷者 太田米吉
東京市神田區錦町三丁目五番地

發行所 有斐閣
東京市神田區一ツ橋通町五番地
振替貯金口座東京三七〇番

●《刑法同意論》由日本有斐閣出版，此為書後的版權頁，有葉清耀的著作權圖章。

舟車勞頓，葉清耀竟在新義州突發腦溢血，病況十分嚴重，經其子葉作樂從日本趕往照料，並送回台灣療養，才度過危險期。

退隱山林　壯志未展

此後，時局一日比一日壞，民族運動也被壓制得聲息力竭，葉清耀亦因健康因素，退隱山林。一九四二年，盟軍空襲台灣期間，在營養與醫藥兩缺下，葉清耀日益衰弱，終因肝病而與世長辭，享年六十三歲。

在台灣民族運動史上，葉清耀並不是赫赫有名的大人物，他的專業是法律，憑藉著淵博的法學素養，爲同胞仗義執言；並以法論法，向執法者抗爭，不僅爲同胞爭取法律上的地位平等，進而爭取政治上的地位平等。無奈，在強權就是公理的時代下，身爲日本帝國殖民的台灣人，他的呼聲是微弱的，他的抗議是無效的，他的努力是徒然的。歷史的浪潮可能將葉清耀的抗日事蹟沖刷殆盡，但是他「台灣第一位法學博士」的地位，是不能撼搖的。

葉清耀年表

年份	年齡	事蹟
1880	01歲	出生於東勢中嵙庄。
1899	20歲	東勢角公學校畢業。
1902	23歲	舊制台中師範學校畢業。擔任埧雅公學校教師，後轉往台中地方法院擔任書記、通譯。
1918	39歲	日本司法科高等考試及格，獲得律師資格。
1921	42歲	在台北設律師事務所。
1923	44歲	治警事件發生；爲參與台灣議會期成運動的受難者擔任辯護律師。
1930	51歲	擔任台灣地方自治聯盟理事。
1932	53歲	榮頒日本明治大學法學博士，是台灣獲得法學博士的第一人。
1933	54歲	博士論文〈刑法同意論〉在日本出版。與葉榮鐘赴朝鮮考察地方制度。
1942	63歲	因肝病辭世，享年六十三歲。

熱言冷語
縱橫大時代
黃旺成

（1888～1979）

【語錄】

●「服從大多數確是美德，但是有時候也會發生多數者的橫暴之缺憾。」

●「公私分明四個字，是為民服務的人們，無時無刻要牢牢記在心頭，才不至有失廉潔。」

【評價】

●「他以如椽巨筆挑戰不公不義的政權；冷眼透視政局，熱血關懷政事，是台灣從事筆政者的典範。」——莊永明

● 新竹曾是北台文化、經濟重鎮，做為日治時代的竹塹民族鬥士，他的特立獨行令人讚佩！晚年為新竹修志書，更是立言的壯舉！

竹塹民族鬥士、文化尖兵黃旺成，新竹竹東東勢赤土崎人，生於一八八八年七月十九日（清光緒十四年六月二十二日）。

師範先驅　執政七年

黃旺成，他的戶籍記事欄記載：陳旺成即黃旺成。黃姓係依母姓，父姓為陳；因父親入贅，他先從外祖父之黃姓，幼年時，父親到新竹城內經商，從事陶器和布匹買賣，於辦理寄留（遷移）戶籍時，將他改從己姓，而成了陳旺成。戰後，他再恢復母姓。黃旺成號「菊仙」，也以此為筆名；年輕時，他好吟陶淵明詩作，陶淵明愛菊聞名，他也很欣賞菊花，台北每有菊花展覽，一定前往參觀，故有此號。黃旺成另有熱言生、冷語子的筆名，是他在《台灣民報》撰寫短評時所用。

黃旺成七歲入私塾念漢文，十五歲入新竹公學校。當時學校利用明志書院充當校舍，他是該校第五屆畢業生。

一九〇七年，黃旺成小學畢業，報考當年台灣兩所最高學府——國語

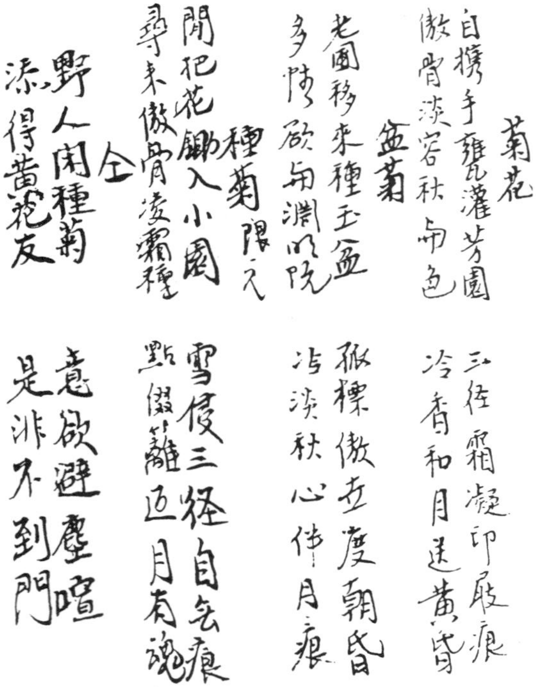

● 黃旺成的手稿。他愛菊成痴，以「靖節先生」陶淵明為師，羨慕其「採菊東籬下，悠然見南山」的生涯，難怪號為「菊仙」，也題不以「菊」為題的詩作。

學校和醫學校。兩校的錄取率都很低，相當難考，然而他雙雙中榜；由於他想獻身教育事業，而選擇就讀台灣總督府立國語學校公學師範部乙科。

黃旺成在大學時代（當時台灣人稱國語學校與醫學校爲大學），和一般台籍同學一樣，仍留著辮子和剃光頭，與有「驢仔」之稱的日本學生相映成「趣」，而且也是民族感情各據一「頭」的

● 台灣總督府國語學校時代的黃旺成（前排左三），彼時他和大部分同學都仍留著辮子，還是「清國人」的打扮。他去辮剪髮的那年已經是二十六歲了。

表徵。

黃旺成在念師範部時，即有不服威權的表現，這從一件小事即可看出：有一次週末大掃除，同學們清潔寢室後，首席教員志保田（後來升任校長）穿著鞋子踩進床鋪檢查，黃旺成不以爲然的大聲抗議：「先生（老師），這怎麼可以呢？」志保田自知理虧，不發一言走了出去！

一九一一年，二十四歲的黃旺成畢業於國語學校，與留日後往北京發展的音樂家柯子丑

● 一九一一年，他擔任公學校訓導（小學老師），兩年後第一次穿著「文官服」，此制服帽子和衣服袖口鑲繡金紋，因此台灣人稱為「金巡仔官」，彼時的老師冬服配有長劍，夏服則配短劍，威風凜凜。

● 一九一二年，也就是日治後的第十八年，黃旺成當時在新竹公學校當老師，彼時還在腦袋後留著長辮子。翌年，他才剪髮。

（政和）同學，低他一屆國語部的同窗有許丙、陳逢源等人。

黃旺成赴日本畢業旅行時，腦袋瓜後面還留著辮子，爲了怕日本人看到見笑（不好意思），將辮子圈繞起來，戴上學生帽子遮住。畢業後，他被分發到已遷入孔子廟的母校——新竹公學校擔任訓導（教員），依規定要穿文官服，戴繡有金巡（線）仔官帽，才剪掉前清標誌——留在腦後的長辮子。

同是師範部畢業生派任教員，台、日老師的待遇有別，台籍教師稱爲「訓導」，日籍教師則稱「教諭」，教諭

辭退教員職務後的黃旺成全家在西門大厝前留影：黃太太林玉盞（後右一）是舊式女性，纏足、沒有接受教育，因此夫妻兩人不易對話，黃旺成說他的夫人「性溫和少於鐘情」。前排左二的小孩是長子黃繼圖律師。

薪津均加倖數成，稱爲「過水料」，意即過海津貼。黃旺成對此差別待遇感到不平。

他前後在新竹公學校執教七年，教過的學生有台灣大學心理學教授蘇薌雨、陸軍中將、後任省府委員的蘇紹文，以及新竹市市長鄭雅軒等人。

改行從商 涉足政治

三十一歲（一九一八年），黃旺成辭卸教職，準備改行；隔年，應蔡蓮舫邀請，赴台中清水擔任蔡家家庭教師。蔡蓮舫是清水大戶蔡源順之後裔，鄉里的人尊稱「九老爹」；他是當時中部的商場鉅子，除與霧峰林家林烈堂、林獻堂等合夥組織振南株式會社外，還從事證券投資。

一九一九、一九二〇年間，適逢第一次世界大戰結

一九二〇年，黃旺成受聘於牛罵頭（清水）「九老爹」蔡蓮舫家擔任西席，蔡家事業失敗後，他協助處理蔡家債務。此照為他（左一）擔任蔡家大全興業株式會社「常務取締役」時，與蔡蓮舫（左三）等合影。

束後，台灣受世界經濟恐慌波及，經濟不景氣，投資證券金融生意者多失敗，甚至血本無歸，蔡蓮舫也未能倖免地「予（給）豬咬著」；「株」是日語證券的意思，與台語「豬」諧音，投資證券虧本，有「被豬咬到」的戲稱。

蔡蓮舫無力拿出現金償還對台灣銀行的負債，也不願丟下爛攤子不顧，乃另組大全興株式會社，料理善後事宜。他請黃旺成擔任該會社常務取締（常務董事），處理財務問題。

黃旺成幫忙蔡蓮舫整頓資產、負債歷

一九二五年五月三十日，黃旺成創立「新竹青年會」，當年他與會員迎接前往新竹舉辦演講會的台灣文化協會會員，兩個「反體制」組織成員在黃旺成（第二排右一）西門住宅前拍此紀念照。第一排坐者從左起分別為：蔡式穀、陳逢源、楊肇嘉、林獻堂、蔡惠如、韓石泉、葉榮鐘。

時三年，事情告了段落，自覺有必要另謀出路，乃向蔡家告退返鄉。

黃旺成在蔡家服務期間，結識了蔡蓮舫的事業合夥人林獻堂；林獻堂熱心奔走民族運動，他耳濡目染，深受感召，也毅然涉足政治。

籌組政黨　力主玉碎

黃旺成於一九二三年參加台灣文化協會；他眞正投效文協的政治社會運動時，已是舊文協的末期了。他除了赴各地參加演講、啓迪民眾之外，還於一九二六年十月十七日，台灣文化協會改組的前一年，在新竹所召開的第六回定期總會（年會），討論改訂會則時，被總理林獻堂指名爲八名起草委員之一，其他分別爲林幼春、蔡培火、蔣渭水、陳逢源、鄭松筠、連溫卿、謝春木。

台灣文化協會第六回年會結束時，曾討論成立政黨，推動抗日運動，因意見分歧，未有結果；不過結社的理念已成共識，乃有第二年

黃旺成筆力縱橫，口若懸河，他批評時政，也批判民風，此照為一九二六年十月二十七日台灣文化協會第六回定期總會於新竹公會堂舉行，他演講時留影。

「台灣民黨」的宣布結社。

一九二七年五月二十九日，台灣民眾黨終於「應時勢的要求而出現」，於台中市聚英樓舉行成立大會。

與會人員進行審議綱領時，蔡培火提議修改「期實現台灣人全體的政治的、經濟的、社會的解放」中「解放」兩字，更改為「自由平等地位」，以免因帶有民族自治的色彩，引起當局非議。蔣渭水也附議此提案，但黃旺成力主保持原案，並

● 台灣文化協會在新竹召開第六回定期總會，黃旺成（右一）和與會的新竹同事舉行「會前會」，左起三人分為李資深、李良弼、鄭雅軒。

台灣民衆黨於一九二七年創黨，成立之初備受殖民政府打擊，黃旺成主張「玉碎主義」。這張紀念照內的人，前排有謝春木（左一）、黃旺成（左二）、林呈祿（右三）、黃周（右二）。

獲與會五十名多數支持，得以維持原綱領。

台灣民黨僅生存了五天，即被依據治安警察法第八條第二項，以「妨害治安」禁止結社；因爲當局以黃旺成所堅持主張並獲多數贊同的台灣民黨綱領政策，「故意使用台灣人全體之政治的、經濟的、社會的解放之口號，顯有挑撥民眾的反應，且有妨害日台融和之虞，甚至使人懷抱有民族自決主義之企圖，對帝國之統治，有煽揚反抗之氣勢」，而「不得不加以禁止」。

然而，台灣人反抗運動的結社意念已不容阻止；三十七天後，台灣民眾黨再度突破黨禁宣告成立，黃旺成是創立委員之一。

有關台灣民眾黨的成立，蔣渭水的去留成了爭論議題，蔡培火表示：政府不准蔣渭水加入，爲顧全大局，他願意陪蔣渭水暫勿參加新黨。

黃旺成對於蔡培火的說詞不以爲然，斷然提議「寧爲玉碎，不求瓦全」；他說：「參加黨員，如要受政府干涉限制，與御用政黨何異？倘若政府太過無理壓迫，吾人何妨以玉碎主義對付之。」

黃旺成的主張，可從謝春木在《台灣人的要求》一書內找到答案：

「我等同志之中，只有蔣渭水君被認為是唯一的民族主義者，那是他個人自該反省的問題；如果因為蔣渭水是民族主義者，而屈服當局之要求，不要他參加，那麼縱使蔣渭水迴避參加，不是等於我人容忍除民族主義者以外的其他要求了嗎？吾人忍辱提出宣言書與拋棄同志，和不提宣言書，在實質的意義上，是截然不同的，如在實質上是相同的話，勢必喪失一位能幹的同志，將對吾黨相當不利；甚者將蔣渭水挑除，聽任其另謀他途，結果將造成我黨陣容上的分裂，致吾黨更形不利。目前我黨形式上雖已遭到屈辱，但政治運動貴在實行，故而於將來實踐上再圖挽回，不失為權宜之

計。」

一九二七年七月十日，台灣民眾黨正式宣告創黨。

創立大會上，蔡培火又表示當局明確認爲蔣渭水是民族主義者；因此「蔣渭水若參加新黨，恐當局難予容忍，但把蔣氏除外，又爲情所難忍，雖然爲使蔣君參加幹部，而在結黨聲明中，取消民族運動之主張，更屬不可」，要求大

一九二八年十月十四日，台灣民衆黨竹南支部成立典禮；「發會式」雖懸掛日本國旗，但這群志士是在「體制」下反日本殖民體制。前排左五為黃旺成，左六為蔣渭水。

家愼重討論此問題。

對於蔣渭水去留兩難的問題，黃旺成提議說：「選出蔣渭水爲委員與否，一任黨員之自由判斷，萬一因此結社再被禁止，亦在所不惜。」黃旺成堅持玉碎主義的主張，終獲多數黨員贊同。

台灣民眾黨於一九二七年九月十六日，在台灣民報社舉行臨時中央委員會，公推黃旺成擔任議長，主持議事，並獲選爲中央委員，也是該黨十四名中央常務委員之一。

一九三〇年二月，台灣民眾黨內部對該黨本質是否修訂爲「以農工階級爲中心之民族運動」發生爭議；黃旺成堅持表示修改案完全蹈襲了日本內地無產政黨的綱領政策，如果貿然更改，勢必違背創黨當初「全民運動」的精神，表示堅決反對。

非武裝抗日時期，以政治結社和日本統治階級抗爭，葉榮鐘謂之爲：「爲台灣民族運動劃出了一個重要時期」；這個時期，黃旺成具有舉足輕重的地位，而且是一位肯爲政黨的理想堅持信念，爲政黨的原則犧牲奉獻的人物。

一九三〇年八月十七日，台灣地方自治聯盟成立，由代表台灣地主資產階級主導，大部分知識分子都群集於旗下。蔣渭水等人深引爲憂，認爲台灣民眾黨若不改造，聲勢必然會被地方自治聯盟所奪，對於反抗運動頗有影響，於是秘密做成綱領政策的修改案，想藉此挽回頹勢。

一九三一年二月八日，修改案正式提交中央執行委員會審議，黃旺成對如此重大議案先分送地方支部黨員大會促其同意，再提交中央執行委員會的做法，認爲是本末倒置，不無蔑視中央執行委員會之意，因此加以嚴厲抨擊。而後，又認爲創黨之初，全民運動立場的綱領好不容易才得到當局勉予認可，而

修改案竟圖改爲「以農工階級爲中心之民族運動」，顯然有失建黨時所標榜的精神。黃旺成認爲，蔣渭水雖稱此爲「加味民族運動」，實是「雙腳踏雙船」的作風；他激昂地質詢：「民眾是否會信賴我黨？這不是欺騙眾民的行爲嗎？」

由於表決的結果以十六票對十二票通過修正案，黃旺成等反對派宣告退席抗議。

蔣渭水雖然於表決案獲勝，但他深知有必要與黃旺成溝通，促使其放棄異議；於是在農曆除夕，放棄在家裡圍爐守歲，風塵僕僕趕往新竹支部，企圖說服黃旺成，取得贊同，然而黃旺成不爲所動。

中央執行委員會審議修改案十天後的二月十八日，苦鬥四年的台灣民眾黨終遭當局以「結社禁止命令」處分。

黃旺成雖與蔣渭水的政治理念有所分歧，但他始終尊敬蔣渭水，並自認比蔣渭水的弟弟蔣渭川還要了解蔣渭水，他推舉「蔣渭水才是眞正的唯一偉大的台灣政治社會運動之領導者」，認定「蔣先生爲人熱誠，大公無私，愛護同志，無私利之念。」

他是台灣元老記者，以「冷言熱語」的筆陣獨掃千人軍；在非武裝民族抗日運動中，他更是一位堅守言行一致的行動家，敢言敢作的作風，基於其實事求是的精神。

冷語熱言　抨擊時政

一九二五年，黃旺成開始記者生涯。他進入《台灣民報》，不是由林獻堂薦舉，而是參加該報對同姓結婚問題的徵文，因撰寫反對意見獲第四名，而得林幼春賞識，被延攬進入報社。

黃旺成除了當記者，也兼任編輯，擔任論說委員，撰寫社論、短評。他在《台灣民報》闢了一個「熱言冷語」專欄，用熱言生、冷語子做爲筆名。

從他在一九二七年二月二十日，《台灣民報》第一百四十五號發表的〈後藤新平氏的治台三策〉，可見其犀利筆鋒：

「後藤新平氏在台灣做民政長官的時候，從台灣人的性質上發見（現）了三條的弱點，因為要利用這弱點，所以定了治民的三策：

（一）台灣人怕死——要用高壓的手段威嚇。

（二）台灣人愛錢——可用小利誘惑。

（三）台灣人重面子——可以用虛名籠絡。

……後藤新平氏的治台三策，不是公（光）明正大的政策，簡直是卑劣的政治家，用以愚弄還沒有自覺的民眾的惡策。所以，台灣人若能反省自己的弱點，感覺弱者的悲哀，用著大眾的團結力，要求弱小民族的解放，那就不怕他的治台三策不根本的崩壞了。」

黃旺成也曾筆伐新竹同鄉謝介石，指責他追隨末代皇帝溥儀赴滿州，出任滿州國外交部長，充當日本人的傀儡，爲虎作倀。

他曾在日治時代先後去過中國四趟，是當時少數的「中國通」之一。一九三○年春，擔任《台灣民報》記者時，爲考察華中、華北，從基隆搭乘「長沙丸」到福州，遊歷大江南北，到過上海、杭州、北京、天津等地，前後約兩個多月；當時正好遇上閻錫山、馮玉祥聯合反蔣介石，在北京欲往萬壽山時，因當地汽車都被閻馮兩方軍隊徵用，不得已改乘黃包車去頤和園遊覽。黃旺成經由天津乘輪

一九三二年，黃旺成辭退《台灣新民報》記者之職，往中國遊歷，他與友人泛舟西湖。穿西裝手撐船槳的人即是黃旺成。

船取道日本門司返台後，在《台灣民報》撰述〈新中國一瞥的印象〉，從第三一七號開始連載，至三二四號結束（一九三〇年六月十四日至十月十一日），計十五篇，他在其中之〈紀念週〉一篇中，對當時新中國的政治氣象有如此深刻的著墨：

「國民黨所以盡力於孫總理的神化，不特是

● 日據時代，台灣人唯一的言論機關《台灣新民報》，是由《台灣青年》《台灣》《台灣民報》一脈相承的「本島人」喉舌，忠實的記載了當代澎湃洶湧，前仆後繼的台灣民族抗日運動史的每一頁史詩。筆陣貔貅的《台灣新民報》，誠如楊肇嘉所說：「新民報記者，個個經過嚴格的考選，薈集台灣知識份子的精華，百分之九十是大學畢業生，他們不僅是做一個記者游刃有餘，極能發揮筆桿的威力，就是做一個社會棟樑之士的品德學識的修養，也都是高尚的。」這張泛黃的照片是「全社一心，力爭自由」（蔡焙火語）的《台灣新民報》記者群，吳三連位於後排右四。其他有林呈祿（前排座者左一）、黃旺成（後排站者左一）、黃周（後排站者左三）、黃呈聰（後排站者左四）、陳逢源（後排右二）。

為尊崇孫總理的人格，其主要目的，誰都看出是在政治上要利用以鎮壓人心的；和歷代帝王之推崇孔子也許是一樣的心理吧。

「現時各級黨部定每星期的曜日（星期一），須舉行紀念週，很類似耶穌教徒之做禮拜。……

「同日出席者約兩、三百人，大多是在辦黨務的各級委員，以及國民政府的各部吏員，一同著（出）席後，即由司會者唱禮，向當中的孫總理遺像行三鞠躬禮，司會者按節高誦遺囑，出席者一同隨聲附和，與日本國民在式場上之捧讀敕語，差不多是一樣的莊嚴；再依風琴的音調合唱國歌，然後一同坐下，於是開始講演。

「當日有戴天仇（季陶）外一人上台。所講的無非是勸勉國民要振作等的話，兩人所引用的材料，不是明治維新史，便是日本的經濟發達史，如日本工場（廠）的發達與工業資金的增進，概調查有精細的數目以證實。

「一邊極力禮讚日本，一邊婉轉緩和排日的空氣，民國政府的外交政策之精神在那邊（裡）？於此夠以想像其概要了……。」

黃旺成還從天津《大公報》及上海十數種報紙上的新聞資料，改寫〈中國紀事〉，介紹大陸時事，廣受關心中國政局的讀者歡迎。

做爲一位爲民喉舌的記者，而且還投身民族運動，黃旺成無疑是「稱職」的角色，也因如此，他承受的壓力匪淺。

月刊《台灣新民報》創辦時，黃旺成不僅和林呈祿、吳三連、黃周、黃呈聰、陳逢源是論說（社論）委員，他也擔任報社的通信部長兼新竹支局局長。

一九三一年，九一八事變發生後，日本侵華野心表露無遺，對台灣人思想的控制也日甚一日，黃旺成眼見「形勢比人強」，爲免招災惹禍，乃於一九三二年向《台灣新民報》辭卸約近八年的記者職務；當年即赴上海、南京，想在大陸自創事業，終因家庭因素返台。

無罪受拘　戰時受屈

一九三五年，日本統治當局實施市議員及街庄協議員選舉，黃旺成參加這次一半爲官選（官派）的選舉活動，以他在竹塹的聲望，輕易以最高票當選。

同年三月，他與鄭雅軒、李良弼等三十幾位朋友組織讀書會，他們對「弱小民族的導師」孫中山頗爲尊敬，曾舉辦「中山先生追悼會」，因臨時找不著裝框照片，而臨時以日人所著《中國革命實見史》插圖內的孫中山照片，做爲行禮的對象。

非武裝抗日運動歇手後，黃旺成擺脫政治運動，進入商界做個生意人，在桃園組織商事組合販賣日用雜貨。

一九三七年，七七事變發生，中日戰爭開始；日本的極端民族主義者曾在新竹召開民眾大會，宣導侵華戰爭，並要求黃旺成演講，他只得做「語焉不詳」的陳述，約略表示：「戰爭發生後，難免有謠言，但是希望當局不要輕率取締，同時也盼望台胞言行需謹愼。」自是話中有話！

一九四一年十二月，日軍發動太平洋戰爭，當時以宜蘭農林學校畢業生施儒珍爲首的十數名新竹青年，密謀潛赴中國，參加抗日，不幸事機洩露，遭日警逮捕刑求。平日受黃旺成照顧的施儒珍，是香山人，在被拷打逼問時，竟脫口而出：「黃旺成教導他們要以間接射擊的方式參加中國軍隊來打倒日本，這樣台灣人才有出路。」

一九四二年，新竹警察局打電話到桃園找黃旺成，要他回新竹接受約談，

不料報到後即被扣禁，黃旺成始知自己成了唆使犯。施儒珍等做如此招供，據說是他們曾聽聞張我軍訪問魯迅時，向其請教台灣青年之出路，魯迅答稱：「不要冒動，台灣人無法直接打倒日本，應以間接射擊的方法參加祖國的軍隊，才是辦法。」

黃旺成被扣留二百多天後，雖因查無實據，無法治罪，但日警仍不放過他，企圖捏造他去廈門時，曾受共產黨員之託，攜帶宣傳單到台灣分發，欲加之於罪。

柳澤檢查官接到此案，曾向黃旺成開玩笑說：「老黃何時變成了馬克思的信徒呢？」畢竟他的命大，終於在第三百天後無罪開釋。日警高等課長對於黃旺成無端被監禁在新竹警察局這麼久的時間，不但不以爲意，還對他說：「這是政府求戰爭必勝的手段，……倘若你肯合作，必然比其他人（指御用紳士）更有效力。」

黃旺成在日治時代，最不幸的厄訊是女兒和女婿的慘死。他育有四子一女，女兒黃蕙蘭嫁與台灣大學醫學院教授楊思標之胞兄楊思槐；夫婦原僑居日本，楊思槐畢業自日本京都帝國大學哲學系研究院，擬由日本返台，擔任台北帝國大學（今台大前身）教授，不幸所搭乘的「熱田丸」客輪夜間在日本近海受盟國美軍魚雷攻擊，夫婦一起罹難。

再啓筆政　招災惹禍

日本投降後，新竹人和台灣各地民眾一樣，期待中國政府派員接收。在台灣的「政權」呈現真空狀況下，一九四五年九月二十日，新竹成立三民主義青年團新竹分團籌備會，黃旺成以其聲望和「中國通」的背景，被公推爲籌備主任，在他的領導下，新竹州的社會秩序得以維持。

《興南日報》的班底籌組、創辦了《民報》，於一九四五年十月十日創刊，由台灣第一位哲學博士林茂生擔任社長，留學日、俄的許乃昌出任總編輯，黃旺成應聘爲總主筆。他重拾筆桿，想承繼日據時代《台灣民報》的精神，繼續做台灣人的喉舌。

曾擔任《民報》編輯工作的吳濁流曾在《台灣連翹》一書提及陳（黃）旺成說：「陳主筆所寫的社論和短評，筆觸敏銳，而且力透紙背。」《民報》立場不偏不倚，言論公正，對於當時權勢階級的貪污、腐敗和社會不公、缺乏正義的現象，毫無保留地揭露、批判，因而廣受讀者歡迎，銷售量一直增加，也成了當權者的眼中釘、肉中刺。

《民報》的社論經常很直接地反映民眾的疾苦、苦悶和百姓的呼聲、願望；如有一篇題爲〈吃飯與失業問題〉，如此評述失序的經濟狀況，以及對當權者腐化的抨擊：

「……抗戰八年，得了勝利的我國，尚須受盟邦美國的善後救濟，國共對立，內戰不息，殆有民不聊生之概。為供給民食的農業，迄今未見發達，致使惹起糧荒之聲。本省夙稱『寶島』，自來不知飢餓為何物，樹上的小鳥都會唱讚美歌。然而光復後，即逢糧荒，可說是未曾有的不幸事；新米上市以來，以為米珠薪桂的惡夢可醒，事實不然，米價略跌復漲，現在每斤又漲至十六、七元，糧食當時雖有調劑糧價之聲，卻又毫不見效。照現時世景，沒有錢可買米的小百姓為數不少，在饉餓線上徬徨的同胞之前途堪憂，如長此以往，何以建設康樂的台灣？這種社會現象應該趕快治療，尤其站在為民服務的官員，責無旁貸，不容拱手旁觀。請看，不管民生如何，一

味站在雲上官僚的奢侈生活，著實令人髮指。榨取民膏民血的不肖務員，因其沈溺不能自救，致使省民抱了黑天暗地的失望，官飽民餓的社會是叛逆民主主義的作風，不特對不起人民，而且是孫國父的罪人。聽罷！看罷！對此營私舞弊的現實，人民的怨氣沖天，罷聲載路。我們熱望民主的長官，不要只信靠下屬的欺瞞報告，請親自暗地下聽聽民聲，深察民情，以大義滅親的英斷，嚴懲貪官污吏，才能稍紓眼前最嚴重的僵局。

「失業即是表示沒有飯吃，可是有職業也吃不飽飯的薪俸者也非少數。或說，台省的失業者還不算多，此乃胡塗敷衍了事的說話，事實本省的失業問題至深且刻，常

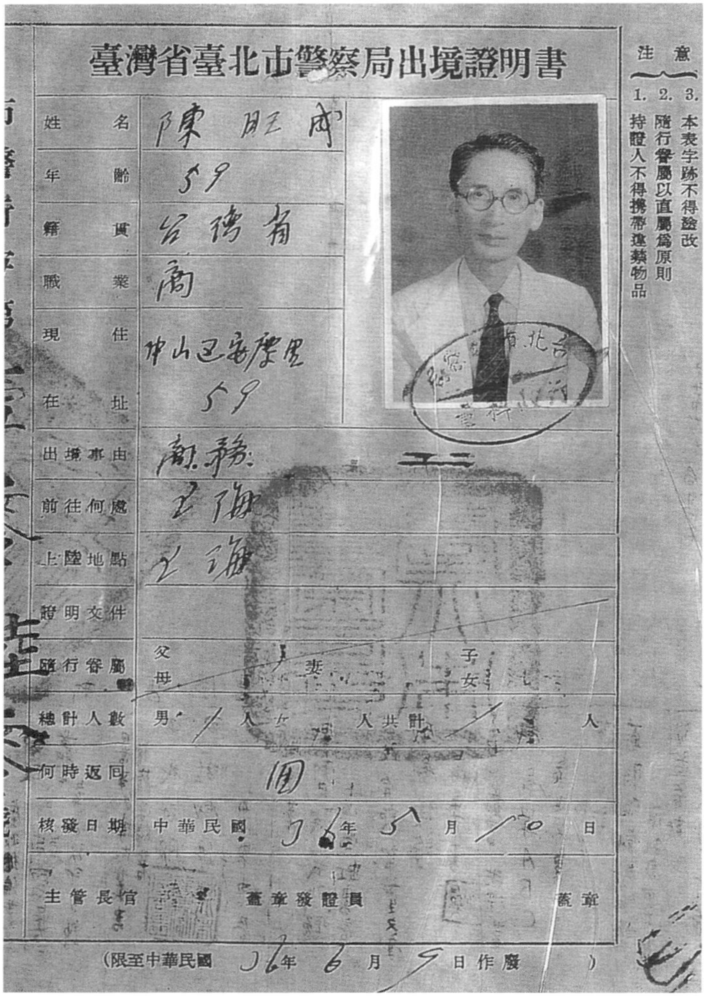

臺灣省臺北市警察局出境證明書

注意
1. 本表字跡不得塗改
2. 隨行眷屬以直屬為原則
3. 持證人不得携帶違禁物品

姓名	陳旺成
年齡	59
籍貫	台灣省
職業	商
現住址	中山區安慶里 59
出境事由	商務
前往何處	上海
上陸地點	上海
證明文件	
隨行眷屬	父 母 妻 子 女
總計人數	男 1 人 女 人 共計 人
何時返回	回
核發日期	中華民國 36 年 5 月 10 日
主管長官	蓋章 發證員 蓋章

（限至中華民國 36 年 6 月 9 日作廢）

黃旺成於二二八事件後正式取得出境證明書，他是否合法離台，避居上海，則實有疑問。依林衡道回憶錄所言是「陳（黃）旺成去找台北市游彌堅幫忙，游市長安排他在市府當工友，在市府騰出一間房間晚上給他住。」然而筆者曾問林老是否有所根據，他卻支吾其詞。黃旺成的口述資料說，當時他化名黃青雲遁逃上海，因此這張已經核發的「出境證明書」，或許他根本沒敢使用。

聽見郊外市民因無米可吃，用著豆簽或番薯葉凌餓，……我們相信解決吃飯和失業問題，是實行民生主義的第一課，幸勿河漢斯言。」

從一九四七年二月十九日，《民報》另一篇社論〈可怕的心理破壞〉中的反諷文字，可以知道《民報》言詞尖銳，從中也可知不滿十天後發生的二二八事變，是歷史的必然，而非偶然。

「自祖國來臨的大先生們，時常說我們奴化，當初我們很憤慨，不知道指什麼奴化，現在我們已經瞭解了，奉公守法，即是奴化，置禮義廉恥于度外，才能夠在這個

●一九四七年，二二八事件，黃旺成成為「欽拿要犯」，他不得不逃亡避禍，於是遁走大陸，到上海找老友謝春木，與謝的家人留下此照。謝春木是他在《台灣民報》的同事，是台灣新文學運動寫第一首新詩與第一篇短篇小說的人。

『祖國化』的社會裡生存。」

黃旺成對接收人員的「刼收」作爲，深爲不滿，尤以言語溝通不良，發生的摩擦，也深以爲憂，因此他說：「我們主張：本省人要熱心學國語，由外省來服務的人員，也要熱心學台灣話。」

《民報》的「熱言」、「冷語」，當局當然深爲不快，其實台灣行政長官陳儀即曾有「很不歡迎昨今冷語」的恨怒之語。

一九四七年，二二八事變發生期間，《民報》被政府查封，社長林茂生被約談後，一去不回；黃旺成也被認爲在街頭演說，煽動民眾，列入「御拿要犯」。台灣高等法院檢察處通緝書所列的三十名要犯中，六十歲的黃旺成最年長。

幸好，他化名黃青雲，買得船票，匆促由基隆港避走京滬，逃出了是非之地，躲過一場浩劫。

次年春天，黃旺成在事過境遷後返台，由二二八事件時擔任新竹防衛司令，也是他的學生蘇紹文將軍，代其擬具一份報告書給台灣警備總司令彭孟緝，表示他當時是「正式向台北市警察局領給出境證旅行京滬，並非逃亡」。

候補議員　爲民喉舌

一九四六年四月十五日，台灣舉行第一屆台灣省參議員選舉，由各縣市參議會議員分別舉行投票。黃旺成在台北市參加這一場全省最高民意代表的間接選舉；當時候選人共有十一位，選舉人數爲二十六人，結果黃朝琴得十九票、王添燈得九票當選；蔣渭川以八票列爲第一候補，黃旺成則以四票列爲第二候補。

後來，王添燈在二二八事變中遇難，遺缺由蔣渭川遞補；一九四九年，台灣省政府改組，蔣渭川被任命爲民政廳長，黃旺成得以第二候補登上省參議員之職。二二八劫後餘生的黃旺成，竟得以平反，而且擔任議員，是原先料想不到的。

黃旺成擔任省議員，僅只兩年多；他曾因反對大糧戶要求提高糧價，而得糧食局長李連春親赴北投省參議會俱樂部，向他轉達行政院長陳誠壓平糧價的

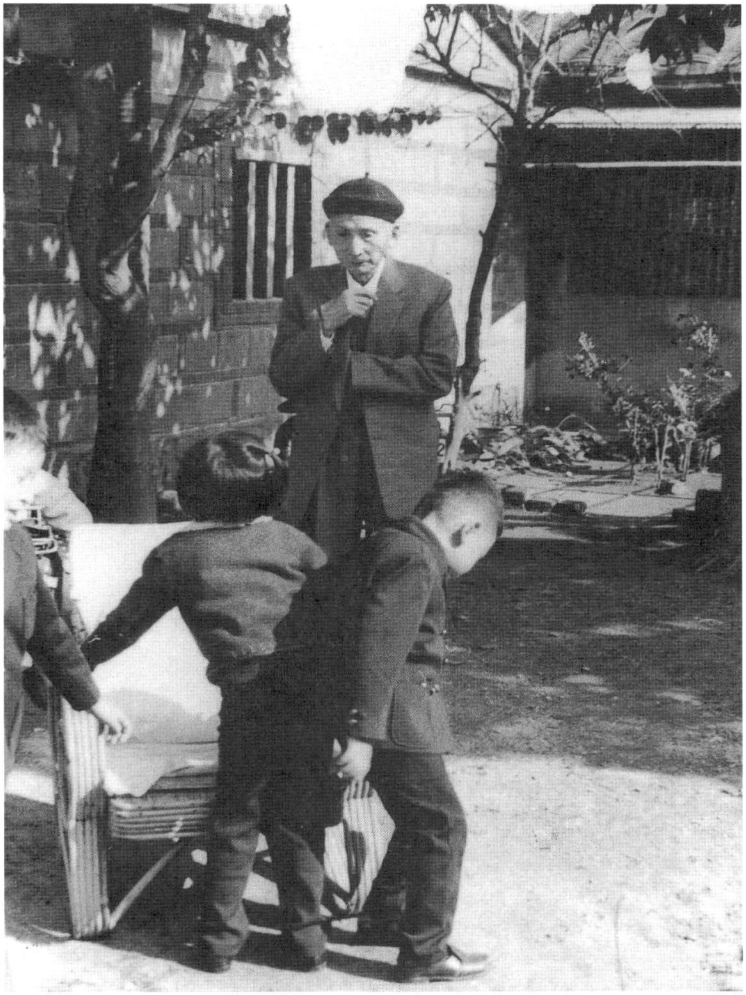

「安居陋室三低屋，閱遍滄桑一老人」，此為黃旺成西門舊宅的門聯，正是他晚年的心境。這位民族鬥士在古稀之年退休後，已成為一位「與世無爭」的老人了。

決心。還有一天，他和同僚郭國基「唱反調」；那時「大砲」郭國基提案省參議員組團赴日考察，黃旺成以省參議員人數多達三十名，每人如花費數萬元，則無異要省庫支出一筆鉅款，民脂民膏，浪費不得，而且其他民意代表如果也「上行下效」，那還得了？況且所謂考察，只不過是看戰後日本的情況而已，是「日本姑爺想遊日本」的心態。經他當頭棒喝，郭國基深明大義，聲明取消此提案，不過副議長李萬居主張交付表決，獲得通過，但行政機構還是以「暫緩」來處理此事。

省參議員任期屆滿，黃旺成有意繼續擔任代議士，投入第一屆台灣省臨時議會選舉。他選擇在家鄉新竹縣參選，競爭激烈，連他共有六位候選人參選。終因他財力有限而落選，由許金德、姜阿新當選。

致力文獻　爲史存證

一九四八年四月二十四日，台灣省通志館成立，職責是「悉力研討省志體例，廣咨博採，考獻徵文，期成信史」。接任陳儀職務，主持省政的魏道明，聘省府委員林獻堂出任館長。台灣通志館網羅了當時台灣文化界的人士，黃旺成也受聘爲編纂兼編纂組長，參與籌劃纂修台灣省通志。

黃旺成修志的信念，一如他當無冕王的職責一樣。他曾說：

> 「凡纂修志書的人，總須堅持冷靜客觀的態度，實事求是。倘若過於推想、敷衍，或加味政治意識，參予宣傳、激勵的作用，那就免不了有失實反編志的使命之嫌。」

他在一九四八年十月二十五日出版的《通志館館刊》創刊號，撰寫〈民族精神與台灣民主國〉，有如此精闢的結論，足見其對當時修志的環境有語重心長的寄望：

「我們對於台灣民主國的建設，在台灣史上是大值得矜誇這回事，實無異議。只不敢小鰍大浪，過事鋪張，恐有損及史實的真相，予後世人以『全信書不如無書』之嘆。至於台胞所堅持歷史久而不變的民族精神，難能可貴，自有在政治上武力鬥爭或非武力鬥爭的許多事實，能夠表現出來，並不是曇花一現的台灣民主國所能夠代表的。」

一九五二年十月，新竹縣文獻委員會成立，網羅了地方碩彥十七人爲委員；原來各縣市文獻委員會主任委員多由縣市長兼任，縣長朱盛　以黃旺成眾望所歸，乃「破格」聘爲主任委員。該會發行《新竹文獻會通訊》共十七期，爲編修縣志做準備。

黃旺成在任內以有限經費，與各方賢達、學者於一九五七年五月完成《新竹縣志》纂修的重責大任；工作完成後，已屆古稀之年的他呈請退休。

一九七九年三月三日，黃旺成以九二高齡仙逝。福壽俱全的他，一生行跡堪爲台灣文教界、社會運動的先驅人物，而且在波濤壯闊的大時代裡，還是一位逆流而上、不憂不懼的勇者。

黃旺成軼事

●熱言冷語諷時局

黃旺成，抗日民族運動的健將，也是名記者，曾撰短評「熱言冷語」；戰後，《台灣省通志稿卷九革命志抗日篇》即爲他的著作，當年他在《台灣新民報》所寫的短文，十分叫座，摘錄幾則如下：

○台灣事事都跟不上朝鮮（註：韓國），莫不是台灣人比朝鮮人較蠢笨不成嗎？

○誰叫你偈促在沒有有力的背景之孤島？

○地方自治權的擴張，與行政上的救濟方法，是目前台灣的兩大急務，非加速進行不可。

○不合理的社會要改革，社會運動家才有存在的必要性；理論自理論、實際自實際，這句話恐怕欠通！

○總督府發表要建設的建功神社，比之台灣在來的萬善同歸，好像較高一級。

○當局說：急激的變革有害，所以要徐徐（註：慢慢）漸改；雖是多少良心發現的說話，但倒不失是老官僚、滑頭極了的答辯。

黃旺成年表

年份	年齡	事蹟
1888	01歲	七月十九日出生於新竹竹東東勢赤土崎。
1907	20歲	國語學校畢業，分發在新竹公學校擔任教師，前後執教七年。
1911	24歲	新竹公學校畢業，就讀台灣總督府立國語學校公學師範部乙科。
1918	31歲	辭卸教師職務。
1919	32歲	擔任台中清水蔡蓮舫家庭教師。
1922	35歲	參加台灣文化協會。
1925	38歲	擔任《台灣民報》記者。
1927	40歲	參加台灣民眾黨。

1930	43歲	赴中國考察，遊歷大江南北。後撰述《新中國一瞥的印象》。
1932	45歲	辭卸近八年記者生涯，赴中國經商。
1935	48歲	當選新竹市議員。
1942	55歲	被日本警察拘捕入獄二百多天。
1945	58歲	擔任《民報》總主筆。
1947	60歲	因二二八事件，《民報》被查封，他成爲通緝「要犯」。爲躲避災禍，遁逃大陸。
1948	61歲	返台投案，無罪開釋。
1949	62歲	擔任台灣省通志館編纂兼組長。遞補蔣渭川之缺，擔任台灣省參議員。
1952	65歲	擔任新竹縣文獻委員會主任委員。
1957	70歲	主導《新竹縣志》纂修完成。退休頤養天年。
1979	92歲	三月三日逝世。

台灣第一位油畫家

陳澄波

（1895～1947）

【語錄】

●「一個以藝術創作為己任的人，卻不能為藝術而生，為藝術而死，還能夠算是藝術家嗎？」

●「我們觀察自己、研究自己、瞭解自己的長短，並且向正確的道路精進，可以說是最重要的事吧！絕對避免迷信名家；經常以活潑的朝氣，盡全力不眠不休地開拓新天地。」

【評價】

●「陳澄波先生總是以幽默感性來作畫，面帶微笑，就如一位童謠詩人般的作家。」——楊啓東

●「他之一生對繪畫是如此之執著、如此之狂熱！他對美術之感情如此豐富、如此之純情，難怪人人稱他是『美之化身』。」——莊世和

● 嘉義的北回歸線標塔是亞熱帶台灣的地理標誌。陳澄波的彩筆曾畫下了其興建紀錄。他對繪畫的熱情，一如南部炙熱的陽光。

台灣第一位入選日本帝國美術展覽會的畫家陳澄波，號慶瀾，一八九五年二月二日（舊曆）出生於嘉義市（日據時代隸屬台南州轄區）。他只做了未及半年的大清帝國子民，因爲其誕生之年適逢清廷割讓台灣的乙未年。

孤寂童年　藝術青年

陳澄波在襁褓時期，即不幸喪母；前清秀才的父親陳守愚因續絃，以及經年在王厝擔任教席，難得在家，於是把他交給二叔，由祖母林寶珠撫養長大。寄人籬下的生活，使陳澄波度過孤寂的童年。

陳澄波一直到十三歲（一九〇七年）才進嘉義第一公學校（今崇文國民小學）念書；他在上學前須挑柴、放學後要採野菜，小學生活並不愉快，而畢業時也已快十九歲了。

身爲高齡學童，陳澄波是「囝仔頭王」（小孩們的領袖），但頑皮、貪玩之餘，仍不忘求學的本分，於一九一三年四月順利考上台灣總督府國語學校師範部乙科。

在這所培養師資的學校裡，陳澄波接受的是通才教育；他和台灣第一位雕塑家黃土水、台灣第一位水彩畫家倪蔣懷是先後期同學。由於史料的欠缺，我們對於他們在師範生時期是否相互切磋、相互影響，不得而知，但當時日本水彩畫家兼美術教育家石川欽一郎積極播種台灣新美術，爲他們帶來的啓示和激發，具有決定性的影響。

一九一七年，陳澄波畢業，分發到母校嘉義第一公學校擔任「訓導」（老師）；隔年，與嘉義南門名門閨秀張捷結婚，時年二十四。

之後，他轉調水堀頭（今水上）公學校湖子內分校，執教期間仍孜孜不倦

●一九二〇年，陳澄波在土堀頭（今「水上」）公學校湖子內分校任教，他（左立者）指導學生戶外寫生，那個年代學生如此中規中矩的作畫，也算是「修身」教育吧。

地日夜鑽研西畫，產生了立志做爲一位藝術家的期望。他在一九二一年的手札中如此自勉：

「奮力吧！不管肉體何等瘦弱，才華的光還是映照著……二十五歲！而今我已達到了這個年齡……，這年歲的人，若無作為，已然無可原諒了！」

赴日習藝　嶄露頭角

一九二四年，陳澄波終於難抑向上之心，決定辭去七年的粉筆生涯，負笈日本。

當時年屆三十、結婚六年的陳澄波，不僅有一個六歲的女兒，太太又懷了身孕，但他還是以經商爲由，瞞著家人，和廖繼春同船赴日。三月，兩人一起考上東京美術學校，重拾學生生活。

陳澄波念的圖畫師範科，主任教授是日本第一位赴美研究美術教育的白濱徵，該科以培養中學美術教員爲宗旨，所以陳澄波學習的範圍，較其他繪畫、雕塑、西畫等科系來得廣泛得多。

留學的費用，不是一筆小數目，何況陳澄波還有妻小在台，要不是分得一筆遺產，再加上能幹的太太張婕勤儉持家，他不可能如此安心的在異鄉學畫，也不可能每逢長假即搭船返鄉，探望妻小。

從歐洲深造返日的名畫家田邊至，是陳澄波的指導老師，名師出高徒，接受其指導，受益匪淺，然而陳澄波爲了擷取各家專長，課餘又到岡田三郎主持的「本鄉繪畫研究所」勤練素描，前後有五年之久。他的執著和努力沒有白費；一九二五年，他在自己的故鄉台北及嘉義舉辦個人美展。

翌年，他在美校三年級時，即以一幅描繪家鄉風景的油彩〈嘉義街外〉，入選東京帝國美術院舉辦的第七回帝國美術院展覽會，是第一位以西畫入選日本官展的台灣人，和一九一九年，黃土水以〈山童吹笛〉入選「帝展」，具有同樣不凡的意義！

日本籍同學原先認爲這位來自台灣、黑瘦又「高齡」的高砂族同學（日本人歧視台灣人爲高砂族），不過爾爾，叫他「陳君」，後來他入選展覽，才刮目相看，稱他爲「先生」。

陳澄波進軍「帝展」，成爲官方認定第一位台灣畫家的好消息傳回台灣時，「台灣人唯一的喉舌」——《台灣新民報》即在一九二六年十月二十一日，特別以如下標題報導：「本島出身之學生，洋畫入選於帝展，現在美術學校肆業之嘉義街陳澄波君。」

新聞稿並記載：「誠為台灣美術界之榮，亦足為本島人吐氣揚眉也。」

陳澄波再接再厲，第二年又以一幅故鄉嘉義爲題材的〈夏日街景〉入選了第九屆帝展。他的作品在其後八年間，共入選了五次帝展。

對於這些殊榮，個性率直的陳澄波有過一番內心的省思，他在一九三三年時曾說：

「我對自己在帝展中入選之事，時常在內心裡感到這虛名得之過早，而不免懊悔；如果當時能把研究的階段延長，現在我創作的情況就不是這樣的，我也不會因成熟過早而有所缺憾。」

陳澄波進了帝展之門的第三年，始有一九二八年同學廖繼春以〈有香蕉園

的院子〉入選。他們的入選之作，都是以故鄉南台灣爲題材，並獲得日本評審對「灣製繪畫」「炎方色彩」的重視和肯定，所以說陳澄波是開啓台灣畫家以鄉土特色爲畫題的先覺者，並不爲過。

執著藝術　回饋鄉土

陳澄波出身學院，但畫風卻以「素人般的天眞」見長，這也是其作品迥異於其他台灣畫家，而形成獨一無二風格化創作的主因。他對繪畫的執迷，可說是一往情深，爲了無法突破創作上的某些瓶頸，往往會捶胸頓足，痛苦得不能自己。從他於一九二二年所寫的《手札》，可以了解其藝術觀：

「做為一位藝術家，必須擴大生活領域，更須寬容及關懷事物。因真正的藝術家之感受性太敏銳了，若無寬大的包容量來容納，感受進來的很快就超出平常的飽和點，它將在體內騷動，使精神失去平衡，也使美術創作成為胡言亂語。」

陳澄波旅日期間，除了積極參加日本畫壇的競爭，也心懷鄉土，投入了草創時期的台灣新美術運動，成爲台灣藝壇開疆拓土的英雄。

一九二四年，在石川欽一郎老師的推動下，陳澄波、倪蔣懷、陳英聲、陳承潘、藍蔭鼎、陳植棋、陳銀用七人，組成台灣第一個畫會——七星畫壇，畫會的名稱是以台北市郊名岳七星山爲名。

一九二七年三月，他自東京美術學校圖畫師範科畢業之後，再進入該校西畫專攻研究科。陳澄波參與赤島社的活動，且以〈夏日街頭〉再度入選第八回帝國美術院展覽會；又以〈秋天的博物館〉〈遠望淺草〉入選日本第四回槐樹

● 陳澄波三十三歲自畫像（一九二七年）。此年他剛自東京美術學校畢業，進入西畫研究科。肖像背景的向日葵，顯現他對「火焰畫家」梵谷的心儀。

社美術展，以及以〈自畫像〉獲得日本春台展岡田賞獎金後，於一九二八年參加第二回台灣美術展覽會，〈龍山寺〉得到特選第一名。在台灣藝壇早期的各項活動中，陳澄波都是重要人物。

赴滬授藝　活躍大陸

一九二九年，三十五歲的陳澄波從東京美術學校西畫專攻研究科畢業後，

決定接受聘請前往中國大陸。他爲了適應當時的政治環境，不被視爲是「日本人」，而使用福建漳州的祖籍地爲籍貫。陳澄波應聘至大陸，是因爲當時「島內」沒有美術學校，也缺乏職業畫家發展的環境，於是在旅日中國畫家的遊說下，接受了中國畫家王濟遠的邀請，並獲得日本外務省的推薦，貢獻所學，參加了中國雲起龍驤的西畫運動。

這一年，他的作品也甚有嶄獲；以〈清流〉參加中華民國教育部舉辦的第一屆全國美術展覽會；更以〈早春〉入選日本第十回帝展，此爲他第三度獲得的殊榮。

當時的大陸西畫家往往背負著傳統包袱，而有東洋美術背景且接受西方繪畫訓練的陳澄波沒有這種壓力，所以能大膽地揭櫫現代化美術的旗幟，邁開腳步向前行。他不僅創作、與中國藝術家交往，也投入藝術教育的推展。

他先後擔任上海新華藝術專科學校西畫系主任、昌明藝術專科學校西畫科教授兼主任，以及上海藝苑繪畫研究會名譽教授等職。在這段「寓畫於教」生涯裏，陳澄波的彩筆爲大陸山河蘇州、杭州、上海留下不少的畫作，他先後完成了〈清流〉（一九二

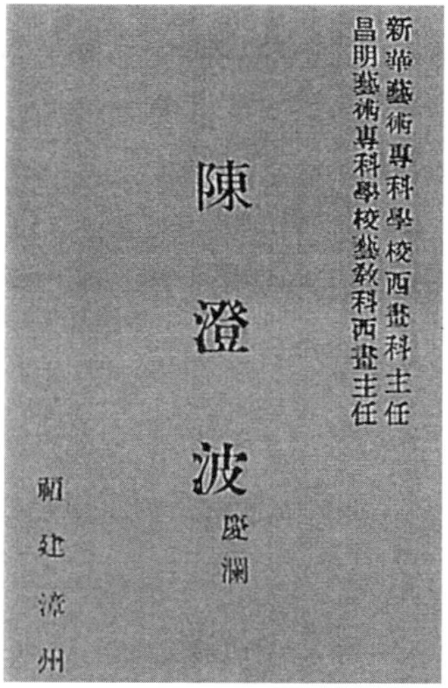

新華藝術專科學校西畫科主任
昌明藝術專科學校藝教科西畫主任
陳澄波 慶瀾
福建漳州

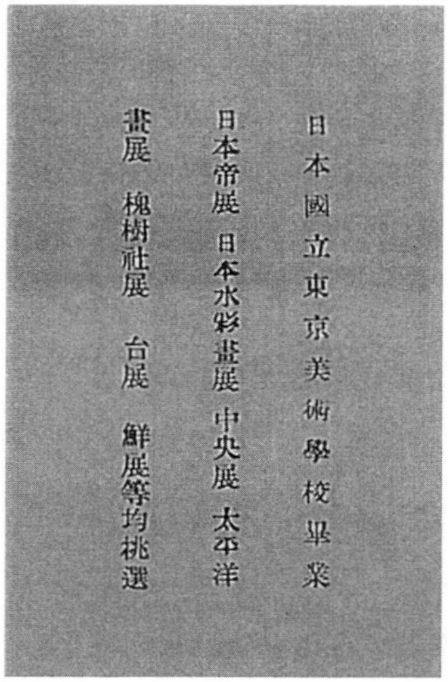

日本國立東京美術學校畢業
日本帝展 日本水彩畫展 中央展 太平洋
畫展 槐樹社展 台展 鮮展等均挑選

● 陳澄波在中國從事教育工作的名片，他所用的籍貫是祖籍地，當時台灣人到彼岸都不願表明是日本殖民下的子民。

九年〉、〈自畫像〉〈祖母〉（一九三〇年）、〈我的家庭〉〈女人〉（一九三一年）、〈上海碼頭〉（一九三二年）、〈蘇州〉（一九三二年）、〈法國公園〉（一九三三年）等名作。

一九二九年，國民政府教育部遴選後，指派陳澄波擔任日本美術工藝特別考察委員，同年又聘任他爲福建省美術展覽會審查委員和上海市全國美術展覽會西畫部審查委員。一九三一年，擔任上海市全國中等學校夏季

● 一九二九年，陳澄波在太湖寫生。他赴上海的那年，「第一次全國美術展覽會」也在上海舉行，陳澄波從日本畫壇轉進中國畫壇，頗有斬獲。

油畫講習會講師，以及上海市中等學校圖畫科督察。

一九三一年，也是陳澄波在大陸最風光的一年。他參加上海市舉辦的全國訓政紀念綜合藝術展覽會，擔任審查委員，並膺選爲現代代表油畫十二大家之一。〈清流〉這幅作品還被遴選參加

● 陳澄波服務中國教育界期間，遊覽大江南北，「祖國風光」不僅在他的彩繪下，更在其夢幻中。此照攝於一九二九年，左三即為陳澄波。

● 陳澄波三十六歲自畫像（一九三〇年），是他到上海的第二年的創作。他在中國的五年，正是國民政府的「黃金十年」，由於接觸到中國畫，對倪雲林和八大山人的作品有所研究。

美國芝加哥博覽會中國館的當代美術展；也因他曾兩次以上入選帝展，而應邀參加日本聖德太子奉贊美術展覽會。

牽念台灣　回歸鄉土

陳澄波得志於中國，並沒有忘情台灣。他仍寄作品到日本，並回台灣參展。一九二九年，作品〈早春〉三度入選帝展，〈夏日的早晨〉則榮獲第三屆台展特選。一九三〇年，他再以〈裸婦〉入圍帝展。一九三二年，獲得第六屆

台展「無鑑查展」（免審查）的資格。

旅滬期間，他用心於中國畫的研究，特別喜歡倪雲林和八大山人的作品，這影響了他作畫時對線條的動態表現，以及利用擦筆來活潑畫面的技巧。陳澄波始終強調「我們是東洋人，不可以生吞活剝地接受西洋人的畫風」。

陳澄波還不忘情在台灣推動一個強而有力的民間美術團體，以提升台灣新美術運動的信念；他常常在信中向畫友表達了他的希望。

一九三二年，「一二八事變」發生，上海呈現亂局，陳澄波覺得此十里洋場不宜久留，決定放棄在中國發展，於一九三三年六月舉家返鄉定居。台灣藝壇也因爲他的「歸隊」，發展得更加蓬勃。

他曾於一九三三年的《台灣新民報》留下如此話語：「我所盡力表現的，首先為自然及其存在的物象。其二為我腦海裡的感受，一再經過精製、洗鍊後，仍值得畫出來的瞬間影像。」

● 一九三二年八月，新華藝專畢業生為這位「台灣老師」陳澄波舉行謝師宴，此年上海一二八事變發生，他先遣家眷返台，翌年他也辭別中國。

陳澄波在上海的全家福照片。左一為他的六弟陳耀棋，站在他面前的男孩是長子陳重光；太太張捷的右邊是長女陳紫薇，左邊是陳碧女。

其三，繪畫對象必須有內容（something）。以上是我所抱持的創作態度。」

一九三四年十一月十二日，「台陽美術協會」在台北市鐵路飯店舉行成立大會，陳澄波積極參與推動這個台灣最大的民間美術團體的活動。台陽美術協會的創立，誠如廖繼春所說：「因為看到秋天的台灣島已有了台展在修飾著它，所以才想起應該以什麼來修飾台灣的春天，……其目的只是為藝術精進、文化向上、會員親睦。」

一九三四年，陳澄波為家鄉畫了這一幅50F <嘉義街景>，此年，他參與了台陽美術協會的創設。

翌年五月四日，台陽美術協會在台北市教育會館舉行第一屆台陽美展，一直到終戰前一年（一九四四年），共舉辦了十回的展覽會。

「大自然就是我的畫室」，這是陳澄波常說的一句話。三十九歲重返故鄉的他，畫筆中的「大自然」，自然是玉山、阿里山、八卦山、嘉義街景、淡水風光等美麗島的景致。

藝術氣質　赤子情懷

陳澄波具有藝術家的氣質，也懷有藝術家的赤子之心，他流傳於美術圈內的軼聞，可以說是「情」話緜緜。

台陽美展的籌備工作，大都是在台北市舉辦，因此他必須從嘉義「出差」到台北。每一次北上，他總是不怕麻煩，帶著棉被而來，大家問他怎麼如此不怕累贅，陳澄波總是笑著回答：「這領（件）棉被有牽手（太太）味，蓋了卡慣習（比較習慣）！」

陳澄波準備女兒的嫁妝時，需要一把深藍色的洋傘，他找遍台北市，都買不到女兒喜歡的樣式，傷透了腦筋。當他聽說畫友陳春德接受某小姐相託，辛若地坐了五天輪船，遠從日本神戶買回一把正是他所要的洋傘時，便急忙登門拜訪，請求務必割愛。「這怎麼可能呢？我遠從日本買了回來，而且還是一位小姐千託萬託的。」陳春德如是想著。

但是，陳春德還是不得不首肯了，他說：「看到眼前那強烈的父愛，我屈從了，只好把洋傘讓了出來。」一個星期之後，陳春德收到一張從嘉義寄來的禮券，還有三盒名產嘉義飴，當中夾著一張紙條，寫著：「陳君，嘉義飴要比洋傘來得更甜吧！」

陳澄波的愛女嫁給雕塑家蒲添生。

圖做大事　關心政事

「從小的時候起，就時常抱著要做大事的願望，只有在那樣的心情下，心裡才有真正的溫暖和滿足，想來我就是靠著這長大的！」

陳澄波在一九二一年的手札，寫著如此字句，這也是他一生想做的「心事」！

做大事，對於陳澄波來說，不只是在彩繪世界占有一席之地，更希望能發展出其他的空間。

一九三五年，陳澄波參加台灣文藝聯盟嘉義支部。台灣文藝聯盟誕生於一九三四年五月六日在台中市召開的台灣文藝大會，宗旨雖云：「聯絡台灣文藝同志，互相圖謀親睦，以振興台灣文藝」，但無可諱言，這個組織是具有民族意識的運動團體。嘉義支部是以「聯絡南部愛好文藝的同志」而成立，但他們的信念，誠如刊載於

● 一九二一年，陳澄波的〈北回歸線標塔〉，這幅水彩畫作是當年的竹材建物，三年後，他又畫了一幅磚石、水泥改砌的「新塔」。

一九三四年十二月《台灣文藝》雜誌第二卷一號宣言所指示：

「占有五百萬餘人口的內台人（註：當時台灣的台灣人、日本人之人口總數），日日在當中的生活，到處無不充滿著荒謬、虛偽、污濁，只有文藝之力才能擔得起掘挖荒謬、剝掉虛偽、洗滌污濁，以至消滅人類生活底一切罪惡的蠢動。」

當代的畫家，專事繪畫，但問政也一樣是「分內之事」。「做大事」對陳澄波來說，原是他的胸懷、意願和使命，卻不幸爲自己帶來殺身之禍。

英年殉難　作品蒙塵

一九四五年，日本戰敗，吐還了中日甲午戰爭的戰利品——台灣。陳澄波雖有「祖國經驗」，但戰前就返台，就不像其他內渡的「半山」人士般，得以接受大員身分衣錦還鄉。

陳澄波像其他被異族統治的台灣同胞一樣，翹首以待，歡迎國民政府來台。他在九月九日，日本人向盟軍投降的第十七天，也就是在中國戰區台灣受降典禮舉行的四十六天之前，寫了一篇題爲〈回顧——社會與藝術〉的文章，文中有如此熱切的期望：

「日本太陽旗降下了，而升了青天白日滿地紅的國旗處處飄揚。在這旗幟下，草木眾生，皆回復生機吐芽結穗了，往後的生長發育，無可限量。對於戰後的工作，如何使台灣成為美術文化的寶島，還有賴我們去深思熟慮。謹守國父遺囑，感念先烈們的熱血灑遍野，以及蔣委員長日夜苦思光復我台灣的德政，我們必須努力來提高我中

國在世界上的國際地位。應該加倍努力，這是我們美術家的責任啊！革命成功了，訓政時代也到來了，我們必須猛進才可啊！因此接受正大光明完美的教育，這該是全台人們所引頸期待的！所以台灣必須再組織一個強健的美術團體來開發省民的眼光和文化水準。更希望設立一個美術學校來啓蒙省民的美育，成為大中華民國的模範省，倘若能增補四千年來的大中華文獻，則我生於前清，而能死於漢室，實是我平生最大的願望也。」

「生於前清，死於漢室」的願望竟一語成讖，陳澄波在兩年後就「熱血灑遍野」了。

陳澄波不僅熱心參加歡迎國民政府的籌備會，擔任副主任委員，也加入了「三民主義青年團」，更擔任嘉義自治協會理事，並膺選爲第一屆嘉義市參議員。

然而，這位優秀的畫家沒能爲戰後尚待拓墾的美術沃土，持續獻出一己之力，

● 殉難於二二八的陳澄波，他的畫作曾長期被「漠視」，更枉論在畫廊出現。這幅<西湖春色>為林良明所收藏，懸掛在客廳上，成了林家傳家寶。（林賢亮拍攝）

反而在二二八事件中不幸殉難。

一九四六年十月，他擔任台灣第一回美展審查委員，並以〈慶祝日〉〈兒童樂園〉作品參展，這是他在台灣畫壇的「最後表現」。

二二八事件，反抗陳儀政權的台灣民眾，在各地攻占官舍和軍警單位。當嘉義群眾包圍嘉義水上機場，並切斷機場水電，欲逼軍方投降時，市參議會爲避免事端擴大，決議和解，陳澄波等人被推派爲和平使者。他和十一位代表帶著大批食米和蔬果前往機場慰問軍方人員，不料竟被下令拘捕。幾天之後，包括陳

● 陳澄波（右起第四人）在戰後積極投入台陽美展，他的「中國經驗」必定給當時畫壇一定的建言。他和洪瑞麟（右二）、李梅樹（右五）、楊肇嘉（右六）、楊三郎、李石樵（後右及後左）等人為美育的努力，不辭艱辛。

澄波在內的數人，被一輛軍用卡車押解到嘉義火車站前廣場，槍決示眾；沒有經過審判，更沒有給他們申訴的機會，就此暴屍街頭；時爲一九四七年三月二十五日。陳澄波的鮮血不再渲染畫布，而是淌滴在故鄉的土地上，享年僅五十三歲。

油彩人生　繽紛生命

「我，就是油彩。」陳澄波如此自喻，沒有絲毫誇言、沒有一點做作、沒有半點虛假。是的，他是瑰麗的油彩，他是繽紛的油彩，不僅如此，他還是以油彩爲台灣畫家爭得帝展殊榮的第一人，只可惜他的「收筆」是那麼的無奈，那麼的出乎他個人，及其家人、畫友甚至鄉梓上所有人的意料之外。生命是短暫的，藝術是永恆的，陳澄波的藝術生命雖然跟著他的生命一起被摧折，不少作品也曾因政治禁忌被燒毀，但他在台灣美術史的不朽地位，將永遠被肯定；因爲他不僅是台灣第一位被肯定的油畫家，而且是日治時代爲海峽對岸的藝壇獻出心血的人物。

二二八蒙難後，又因接續的白色恐怖，陳澄波的作品隨之蒙塵；一直到一九七九年，在《雄獅美術》月刊社的策劃下，才於台北市春之藝廊展出「陳澄波遺作展」，重新出土的作品，計油畫四十多幅、淡彩四十多幅。如果當時陳澄波還健在的話，已是八十五歲的老

● 「油彩的化身」陳澄波，他「調著、弄著、塗著、刷著」油彩，不僅畫出了近代台灣美術運動史油彩的「第一筆」，也用油彩豐富其美學理念。

人了，但那時他已逝世三十二個年頭了。

一九八八年，台北市東之畫廊又舉辦「陳澄波油畫紀念展」。四年後，他的作品不再被壓抑，公立的美術館開始密集的舉辦其遺作展；台北市立美術館於一九九二年有「陳澄波紀念展」、一九九四年有「陳澄波百年紀念展」（與「劉錦堂百年紀念展」搭檔展出），至於他的家鄉，也由嘉義市文化中心於一九九四年舉辦「陳澄波百年紀念展」。

陳澄波用彩筆和鮮血著色美麗島嶼的光和影，必定永不褪去！

陳澄波軼事

陳澄波在各地寫生時，畫架旁常有不少人圍觀，有人還七嘴八舌的批評起來，他不僅不以爲意，還留意這些「外行人」的意見，甚至加以接納。

一九三五年，他在阿里山作畫，完成〈阿里山之春〉時，請教一位林務人員說：「你看，我畫的這欉大樹，到底有幾歲？（樹齡有多大？）」「最少在六百年以上。」他因爲林務人員的答覆，而欣喜不已。

畫出一棵樹的生命、年齡，是何等痛快的事！

陳澄波年表

年份	年齡	事蹟
1895	01歲	二月二日（農曆）出生於嘉義市。
1907	13歲	念嘉義第一公學校。
1913	19歲	小學畢業。考入台灣總督府國語學校師範部乙科。
1917	23歲	「國語學校」畢業。任教嘉義第一公學校。
1918	24歲	與張捷結婚。
1924	30歲	考上東京美術學校圖畫師範科。課餘在「本鄉洋畫研究所」研習。與畫友組成「七星畫壇」。
1925	31歲	於台北市及嘉義市舉行個人美展。
1926	32歲	〈嘉義街外〉入選第七回日本帝國美術院展覽會。
1927	33歲	三月，東京美術學校圖畫師範科畢業，進入西畫專攻研究科。〈夏日街頭〉入選第八回帝展，〈秋天的博物館〉〈遠望淺草〉入選第四回槐樹社美術展。〈自畫像〉獲春台展岡田賞獎金。
1928	34歲	〈龍山寺〉入選第二回台灣美術展覽會特選第一名。與畫友成立「赤島社」。

年份	年齡	事蹟
1929	35歲	東京美術學校西畫專攻研究科畢業。擔任上海新華藝術專科學校西畫系教授兼主任、昌明藝術專科學校西畫科教授兼主任、上海藝苑繪畫研究會名譽教授。〈清流〉參加中華民國教育部主辦第一屆全國美術展覽。〈早春〉入選第十回日本帝展。〈夏日的早晨〉獲第三回台展特選。〈西湖的東浦橋〉參加日本第六回槐樹社美術展覽。國民政府教育部特派爲日本美術工藝特別考察委員。擔任福建省美術展覽會評審委員。
1930	36歲	〈裸婦〉入選日本帝展。〈蘇州虎丘山〉〈普陀山海水浴場〉獲第四回台展無鑑查展出。
1931	37歲	〈蘇州公園〉參加第五回台展。參加上海市訓政紀念綜合藝術展覽會，並膺選爲現代代表油畫十二大家之一。〈清流〉代表中華民國參加芝加哥世界博覽會。〈普陀山之普濟寺〉參加日本聖德太子奉贊美術展覽會。
1932	38歲	〈新樓〉參加第六回台展無鑑查展出。〈西湖風景〉參加日本第四回本鄉美術展覽。
1933	39歲	返台定居。
1934	40歲	參加台陽美術協會。〈西湖春色〉入選日本第十五回帝展。〈八卦山〉參加第八回台展榮獲特選台展賞。
1935	41歲	〈南國街景〉〈不忍池畔〉參加日本第二十二回光風會。〈淡水風景〉〈阿里山之春〉參加第九回台展推薦展。〈綠蔭〉〈玉山殘雪〉參加第一回台陽美術展覽會。以後逐年成爲台陽美術的重要參展畫家。參加台灣文藝聯盟嘉義支部。
1936	42歲	〈曲徑〉〈岡〉參加第十回台展無鑑查展出。〈淡水河邊〉〈北投溫泉〉等參加第二回台灣美術展覽會。
1937	43歲	〈綠野〉〈阿里山〉〈溪口〉等參加第三回台陽美術展覽會。

年份	年齡	事件
1938	44歲	〈古廟〉參加第一回台灣總督府美術展覽會（府展）無鑑查展出。〈辦天池〉〈玉山日出〉等參加第四回台陽美展。
1939	45歲	〈濤聲〉參加第二回府展推薦展。
1940	46歲	〈夏之潮〉參加第三回府展無鑑查府展。
1941	47歲	〈風景〉參加第四回府展無鑑查展出。
1942	48歲	〈初秋〉參加第五回府展推薦展。
1943	49歲	〈新樓〉參加第六回府展推薦展。
1945	51歲	擔任嘉義市各界歡迎國民政府籌備委員會副主任委員、嘉義市自治協會理事。
1946	52歲	擔任台灣省學產管理委員會委員。當選嘉義市第一屆參議會參議員。擔任台灣省行政長官公署舉辦第一屆美術展覽會審查委員。並以〈慶祝日〉〈兒童樂園〉參展。
1947	53歲	因二二八事件，於三月二十五日被害。

台灣第一位雕塑家

黃土水

（1895～1930）

【語錄】

●「藝術家的生活是艱苦的。然而這不過是肉體上、物質上艱苦，在靈魂與精神上卻是無限的快樂。」

【評價】

●「黃土水有『骨頭』，有『氣概』，是真正的藝術家。」——蒲添生

●「黃土水的雕塑風格，走的是自然主義的寫實性中，表達了個性與鄉土性內涵。」——王秀雄

大稻埕是黃土水的童年成長的地方。大稻埕永樂町（今迪化街）有「本島人市街」之稱，該地的傳統行業對他有一定性的影響。

台灣傳統雕塑是以「唐山師父」爲傳薪人，這些以福州人占多數的老師父，從大陸渡海來台，憑藉一雙靈巧的手，應聘雕刻廟宇、官邸或富豪人家的宅第。他們受的教育不多，但石雕的獅子、龍柱，木雕的神像、斗拱、窗櫺等，在他們精雕細琢下，都表露了傳統的美。可是民間藝術技法的傳承採學徒制，難免陷於泥古遲滯的窠臼，而且傳統雕塑品不是依存於宗教，就是做爲實用物品的裝飾，欠缺爲藝術而藝術的創作觀點。黃土水是台灣第一位掙脫傳統雕塑技法，接納西洋美學理念的雕塑家，也是台灣留學研習雕塑藝術的第一人。

流連雕鋪　赴日習藝

黃土水生於一八九五年（清光緒二十一年）七月三日，正逢台灣淪爲日本帝國主義統治的第一年。他出生於艋舺（今萬華），長於大稻埕（今大同區一部分）。

十一歲才就讀公學校（小學）的黃土水，十二歲時，做木匠的父親就過世，留下了一個貧困的家庭。他和母親只得投靠修製人力車車廂的三哥，並且離開就讀

●「台灣雕塑界的麒麟兒」黃土水，他也是台灣第一位留學研究西洋雕塑技法的人，難能可貴的是他的作品有渾厚的鄉土氣息。

一年多、以祖師廟廂房做教室的「國語學校附屬公學代用艋舺公學校」（今老松國小的前身），轉學到大稻埕公學校（後改稱太平國民學校）。由於入學較遲，黃土水小學畢業那年，已經十七歲了。他在接受基礎教育期間，經常留連廟宇、佛雕鋪，揣摩那一刀一斧創作出來的民俗作品，這也是黃土水學習傳統雕刻技法的起步。

一九一一年，黃土水小學畢業，考進國語學校（今台北師範學院）師範部乙科；在學期間，他的藝術潛能已經浮現，「圖畫」成績優異，「手工」更表現卓越，四年級獲滿分紀錄。畢業考試結束，

黃土水學生時代的唯一留存的獨照，這位留學日本東京美術學校的「台灣囝仔」，身高僅有一四七公分，短小的個子卻雕塑出震憾人心的作品。

工藝老師要求每位同學繳交一件勞作作品，黃土水以一件用他的左手爲模樣的木雕作品——「左手」繳件；成熟的刀法，令工藝老師讚嘆不已。他又留下一些仿刻佛雕做爲紀念，日籍校長志保田看了這些作品，認爲黃土水是個可以造就的雕塑人才，決意推舉他深造。經一番斡旋，終於在一九一五年，獲台灣總督府民政長官內田嘉田推薦爲東洋協會台灣分部留學生，頒給三年公費，黃土水因而放棄了在母校大稻埕公學校（今太平國民小學）不及半年的教職，負笈東瀛，入東京美術學校雕塑科木雕部；那一年他二十一歲。

當時東京的台灣留學生有百餘位，研習雕塑者僅黃土水一人。他也是留日學習西洋近代美術的先驅之一，比他晚一年入學的是劉錦堂（在學年份一九一六年至一九二一年）。劉錦堂是台中樹仔腳人，學的是西畫。（劉錦堂畢業後改名王悅之，赴北平從事美術教育，未再返台）。

黃土水身材短小，沈默寡言，在宿舍高砂寮期間，同學都以「土水匠（水泥匠）」來奚落他，然而他總是不理會別人的話語，拿著鑽子和鐵槌，一直敲打著想完成的完美作品。

參加帝展　揚眉吐氣

東京美術學校是日本最負盛名的美術專科學校，座落於上野公園內。黃土水進入該校時，雕塑科只成立了十六年，但名師雲集，都是受到西歐近代美術思潮薰陶的大師，例如西洋新古典主義的雕塑，以及有「米開朗基羅第二」之稱的法國雕塑大師羅丹的作品，都爲日本雕塑界帶來了深遠的影響。

高村光雲（一八五二～一九三四）是該校雕塑科主任，黃土水在名師指點下，每天勤於學習，絲毫不敢怠惰。因爲生活費用有限，他幾乎每天都以鐵罐

子烹煮地瓜充饑，如此刻苦的生活影響了他日後的健康。黃土水主修木雕，但也認眞學習石雕，經常敲敲打打，難得休息，高砂寮宿舍的同學常以「你敲打石頭，能賺到多少錢呢？」跟他開玩笑。五年的本科教育，黃土水體認了西洋雕塑的美學理念，知道如何捕捉人體動姿的韻律和平衡。

一九二〇年三月二十四日畢業，他再進入該校研究科深造，並以一座泥塑翻製成石膏的〈山童吹笛〉（原題爲〈蕃童〉）和〈出草〉（又名〈兇蕃獵頭〉）兩件以台灣原住民爲題的作品，參加日本當代藝壇最受矚目的第二回日本帝國美術院展覽會，結果〈山童吹笛〉入選。消息傳開後，台灣報紙競相報導第一位獲得「帝展」殊榮的台灣藝術家。二十五歲的黃土水的成就，正如藝術評論家王文淵所說：「不但為本省出身的藝術家開闢了一條新的路徑，亦為台灣揚眉吐

● 一九二〇年，黃土水的泥塑的「山童吹笛」（蕃童）入選第二回日本帝國美術院展覽會，他的第一次參選，即創佳績，台灣各報均專文報導。

氣。」黃土水之所以選擇如此題材，他說：「我是台灣出身的，我想做一些台灣特有的東西看看……於是我想起了蕃族（原住民）。」

黃土水再接再厲，又以大理石雕刻〈甘露水〉和泥塑翻石膏〈擺姿勢的女人〉兩座裸女雕像，分別入選第三、第四回帝展；連中三元後，他在藝壇的地位已堅固不移。此時，他不願陷於日本藝術沙龍的窠臼，一方面熾烈的鄉情頻頻呼喚，於是他決定以故鄉田園牧歌式的情調做爲自已追尋的目標。

一九二二年三月，黃土水自東京美術學校研究科畢業，當年冬天返台，想從家鄉景物中尋找創作靈感。

「甘露水」，原名「蛤仔精」。大理石雕塑，這件晶瑩剔透的裸女胴體等身作品，曾入選日本第三回帝展，此作今失落不明。

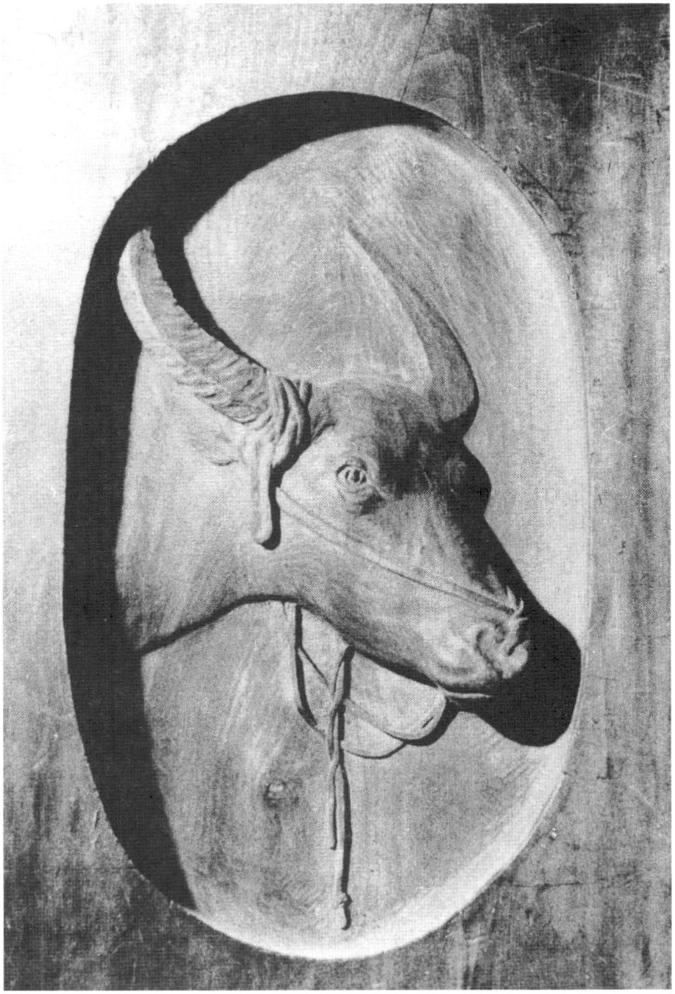

木材雕刻的浮雕「牛頭」，高六十公分，寬三十八公分，牛頭從橢圓「框架」探頭，有穿木而出的感覺。陳毓卿收藏。

鍾情水牛　發揮鄉情

當他再次看到拖著龐大身軀，忍辱負重，踏著蹣跚步伐為鄉人服務的水牛時，內心激動不已：以前的創作總是遷就學院式題材，而今需要表現的應是具有鄉情的創作，才是眞正實踐自己的創作理想，水牛不正是具體而微、鄉人敦篤知命的象徵嗎？於是他利用替地方士紳塑像的酬金，致力於台灣水牛造型的研究。

為了研究的便利，黃土水曾從屠宰場借了水牛的頭和四肢翻製成石膏模型，甚至在工作室裏養了一頭水牛，每天觀察牠的肌理、骨架、動作。

「……出生於這塊土地，便愛這塊土地，這是人之常情。雖然說藝術無國境之分，在任何地方都能夠創作，但是終究自己出生的土地，才是心繫之處，我們台灣是美麗之島，更令人懷念。」一九二二年，黃土水在一篇文章寫出他對鄉土的感情，以及未來爲鄉人貢獻所長的信念，並以「期待藝術上的福爾摩沙時代來臨」爲念。他又說：「不瞭解藝術，不懂得人生的精神力量的人民，其前途是黑暗的。我們的征戰永不歇息。」

一九二三年四月，日本裕仁皇太子抵台觀光訪問，黃土水從東京趕回台灣，代表台灣新生代藝術家呈獻作品〈三歲童子〉。當時《台灣日日新報》有一段報導他的談話，他如此的表白：

「顧余所作之品。為未成品，蓋藝術一途談何容易，雖畢生努力為之，猶恐不及。……嘗怪世人有談解為藝術無難。或妄計為藝術可以生財者。是絕不然。……夫貪逸樂而厭辛苦。余亦何異於常人哉。竊惟人生之生命有限，而藝術之生命無窮。……藝術上之滿足則可為安身立命之地。故余恆樂此不疲，將困苦其身，竭精勞神，亦不他顧。」

此年，二十九歲的黃土水和台灣新文學運動先驅廖漢臣的姊姊廖秋桂結婚，並在日本池袋三丁目立教大學附近，買下一所約五〇坪的日式房子做爲住家和工作室。他承接製作塑像，由於其名望獲得公認，台灣士紳和日本皇族、高官也紛紛找他「留像」，本地望族林熊徵、顏國年、許丙之母、黃純青、郭春秋和台灣總督明石、醫學校校長高木友枝，以及孫中山等胸像，都是其換得「生活資源」的作品。

一九二四年十月，第五回帝展，他以題爲〈郊外〉的水牛作品第四度入選，這也是他最後一次列名帝展的作品。

一九二五年，他的創作事業遭挫，因日本雕塑界門戶之爭，作品〈小孩子〉被拒於第六屆帝展門外，經此落選的打擊，他決意不再參加帝展。魏清德曾爲此事，寫下如此文字：「日人某名雕刻家前輩，欲得君為門弟子，啖以重餌，君聞其人，心術不端，婉辭，卒受其為多阻礙。」

此後，黃土水更努力自由創作，選材也更寬廣，鳩、鹿、兔、馬、羊、

黃土水夫婦陪同基隆月眉山靈泉寺高僧善慧和尚（右一）和中國傳統佛雕大師林起鳳（右二）遊覽日本日光東照宮。收藏此幀照片的「黃土水痴」陳昭明喻為「雕刻界兩巨頭會面」。

猿、鯉都成了創作題材。一九二六年，他製作新年生肖〈兔〉青銅作品五十件，由《台灣日日新報》代爲銷售。以後年度，他再推出〈龍〉〈蛇飾琵琶〉〈馬〉〈羊〉的新年吉祥青銅作品，亦委由該報預售。三十二歲那年，黃土水先後完成〈台灣風景〉〈釋迦佛像〉〈歸途〉三項巨作，此時他的作品亦被日本皇室收藏。

〈釋迦牟尼〉這尊佛像，是詩人魏清德爲解決黃土水生活困境，募款請其獻納台北萬華龍山寺；廟方放棄傳統雕佛師的作品，首度接納藝術家的創作，無疑

● 一九二七年，黃土水為萬華龍山寺所雕的「釋迦佛」，木雕原作毀於二次世界大戰美機的轟炸，幸其石膏原模由魏清德收藏；後魏清德之子魏火曜博士捐出，翻作銅製品。此為「釋迦佛」的正、側面。

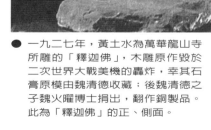

是信任他的「分量」。接受任務的黃土水，深知這是「異於商品」的工作，爲不負眾望，遍尋文獻資料，以了解釋迦的「眞像」。他遍讀「天竺圖史，天竺人之骨相如何？環境如何？乃至於悟道出山，情狀之辛苦如何？細大不遺，加以研究。」（魏清德文）最後南宋梁楷所畫的〈出山釋迦〉成爲黃土水最後選擇的藍本。〈釋迦牟尼〉先塑石膏，再雕爲木像，原先使用樟木，因覺質感不佳，再以櫻木雕成；他的刀法俐落呈現釋迦承受苦難的法相，並有人間生命的感情存在，確是新意非凡的創作。

一九二七年十一月五日，黃土水在台北博物館舉行首次個展，展出十餘件作品；二十六日、二十七日移往基隆公會堂展出。

一九二八年，台北州廳向黃土水訂製作品，做爲台灣總督呈獻給昭和天皇登基大典的賀禮；他以〈歸途〉爲題，以五隻水牛來呈現，同時也以〈羊〉和〈雞〉的雕作恭賀裕仁天皇的登基，因爲這兩種動物分別爲天皇和皇后的生肖。台灣總督又安排他替裕仁天皇的岳父母久邇宮邦彥親王夫婦塑像。

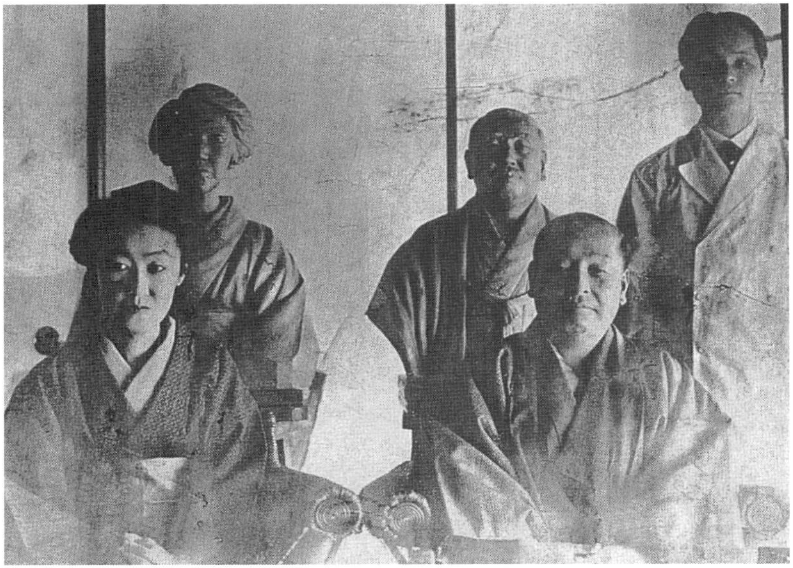

黃土水於一九二六年受召為日本久邇宮邦彥親玉夫婦塑像，作品完成後，留此紀念照。傳神的塑像與人相比，可見黃土水的手法精巧。

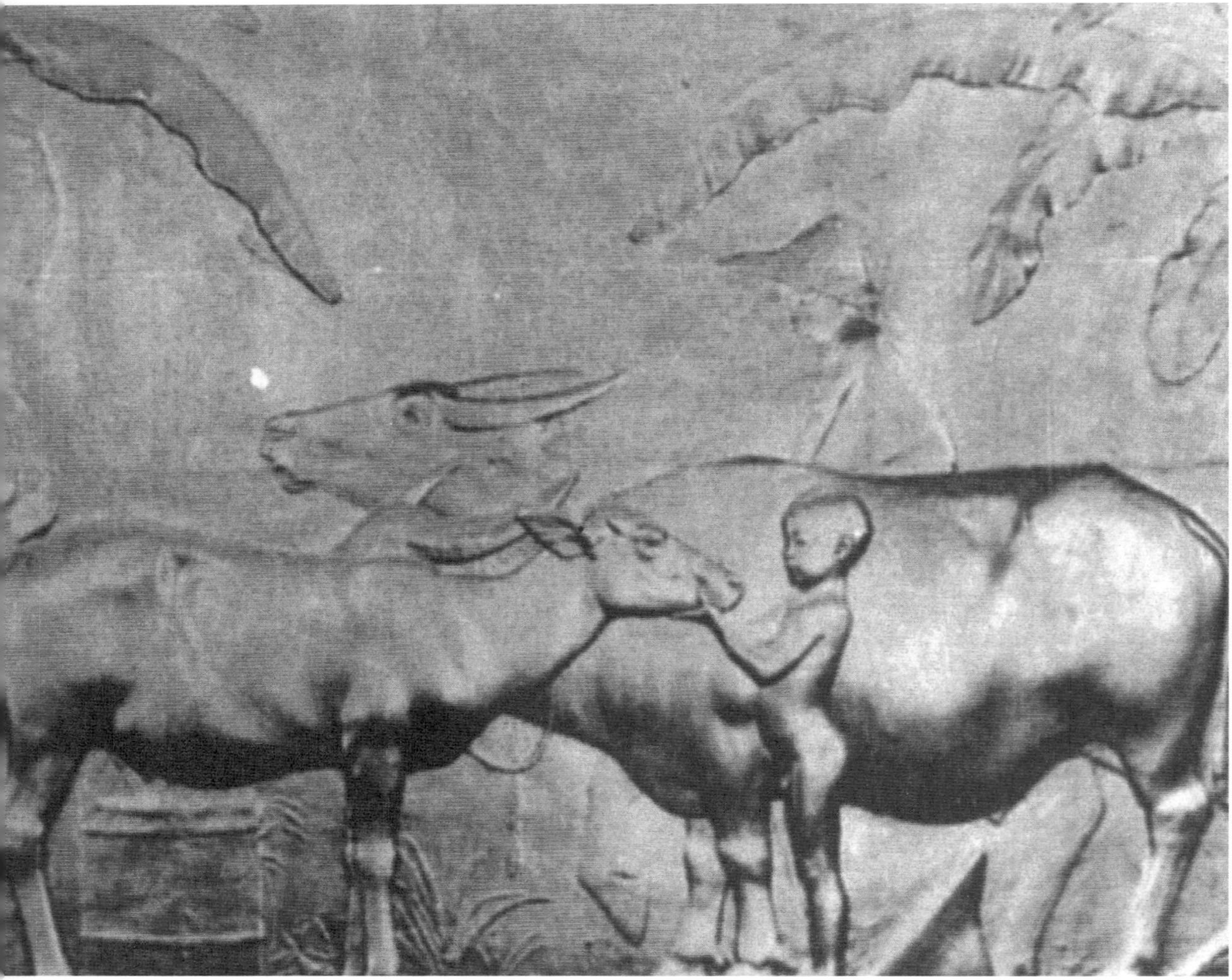

雕塑麒麟　勞瘁別世

三十六歲正是一個人的盛年，對於一位藝術家來說，也是再登創作高峰的時期，但卻是黃土水終結了藝術生命，終結了人生的一年。一九三〇年，他嘔心瀝血完成畢生最大一幅九尺高、十八尺長的浮雕〈南國〉（又名〈水牛群像〉）。〈南國〉從小浮雕的試作到放大，進行已有三年，原本有慢性盲腸炎的黃土水，不顧勞累，做不同角度的修整，即使腹痛也不爲意。由於勞瘁成疾，

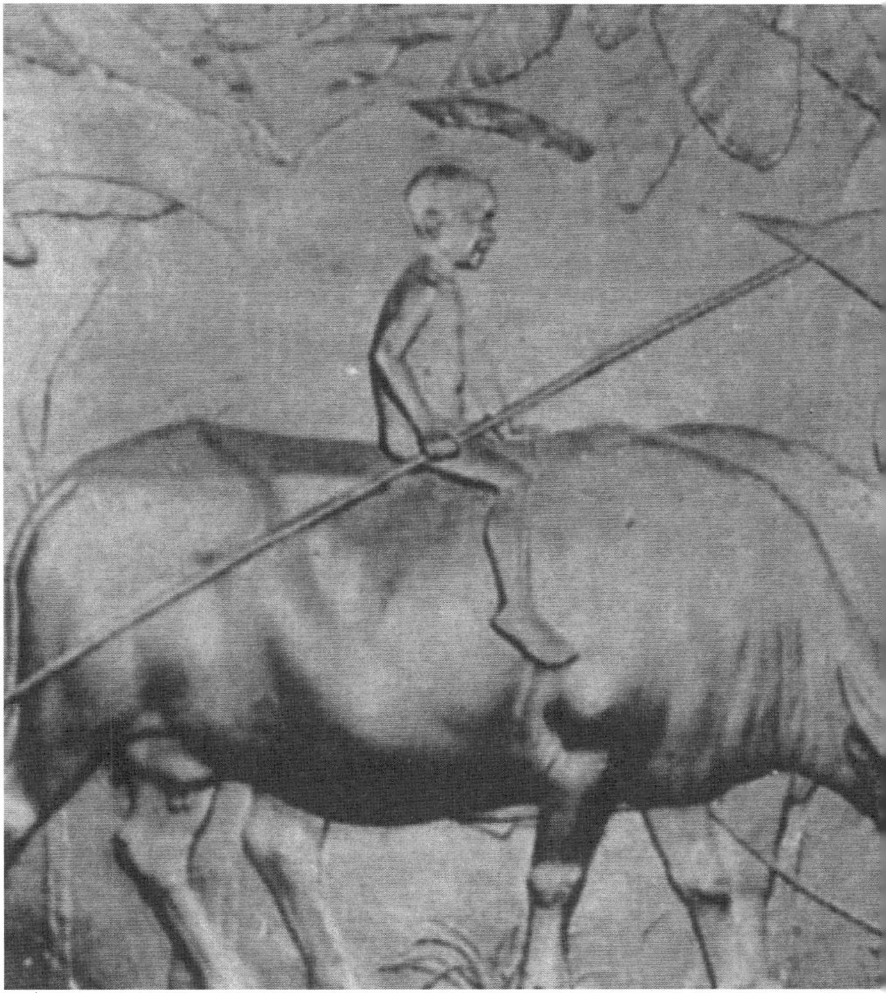

●「此一巨作，長十八台尺，高九公尺。畫面浮刻盛夏之芭蕉園，清風徐來，綠葉招展，五隻水牛交頭接尾於綠茵之上，兩個裸體牧童，天真爛漫，一騎牛背，手持竹竿，竿上置一竹笠，腳下水牛，一無所覺，俯首咀嚼綠草；一立牛側，以手撫水牛，水牛眼呈喜色，伸長其頸，任其所為。畫中詩趣橫溢，構成一幅幽閑靜穆之南國風景。」這段文字是詩人魏清德所描述的<水牛群像>。

● ＜水牛群像＞又名＜南國＞。黃土水嘔心瀝血完成了此畢生最大的作品，卻成為他的遺作，而這幀照片也成了他的最後遺影。

於當年十二月二十一日以併發腹膜炎，醫治無效辭世，享年僅三十六歲。想不到這幅撼人心弦的巨作竟成了他的遺作。翌日，李梅樹與其家屬護送遺體火化，並由李梅樹捧其骨灰返回池袋的家。一九三一年三月末，他的夫人廖秋桂將骨灰攜回台灣，四月二十一日於東門曹洞宗別院舉行追悼會。

一九三一年五月九日、十日，台灣總督府

黃土水的追悼會在台北市東門曹洞宗別院舉行，志保田校長親往祭弔，並宣讀祭文，對這位，病術天份揚溢高足的早逝，惋惜不已。

彫刻家 故黃土水君 遺作品展覽會陳列品目錄

日時　昭和六年五月九日、十日　午前九時ヨリ午後五時マデ
場所　舊廳舍

光榮記念品

久邇宮家御下賜銀盃（尊像製作ニツキ）　昭和四年
總裁宮御下賜聖德太子奉讃展入選賞　昭和四年

製作品

臺灣教育會館所藏品ノ部

一　みかど雉子　木彫　宮中獻上品複製
二　雙鹿　木彫　同
三　蕃童　石膏　第二回帝展出品　大正七年作
四　甘露水　大理石　第三回帝展出品　大正八年作
五　ポーズせる女　石膏　第四回帝展出品　大正九年作

立像ノ部

六　釋迦如來　石膏　昭和二年龍山寺木彫ノ原型
七　尼　石膏　美術學校生徒時代作
八　子供　石膏　大正十五年作
九　子供放尿　石膏　大正十一年作
一〇　同上未完成　大理石　大正十二年作
一一　顏國年氏　石膏

坐像ノ部

一二　郭春秧氏　石膏　昭和四年作
一三　張清港氏母堂　石膏　昭和四年作
一四　數田氏母堂　木彫
一五　裸婦（結髮）　石膏　昭和四年作

胸像ノ部

一六　安部幸兵衞氏　石膏　昭和五年作
一七　賀來氏母堂　石膏　昭和三年作
一八　郭春秧氏　石膏　昭和四年作
一九　許丙氏母堂　石膏　昭和三年作
二〇　黃純青氏　石膏　昭和四年作
二一　後藤氏令孃　石膏　美術學校生徒時代作
二二　蔡法平氏　石膏　昭和四年作
二三　同夫人　石膏　昭和四年作
二四　志保田氏　ブロンズ　昭和三年作
二五　孫文氏　ブロンズ　大正十五年作
二六　高木友枝氏　石膏　昭和四年作　昭和五年聖德太子奉讃展入選
二七　立花氏母堂　石膏　昭和四年作
二八　永田隼之助氏　石膏　大正十五年作
二九　永野榮太郎氏　石膏　大正十五年作
三〇　槇哲氏　石膏　大正十五年作
三一　益子氏嚴父　石膏　昭和五年作
三二　山本悌二郎氏　石膏　昭和二年作
三三　林熊徵氏　石膏　昭和二年作

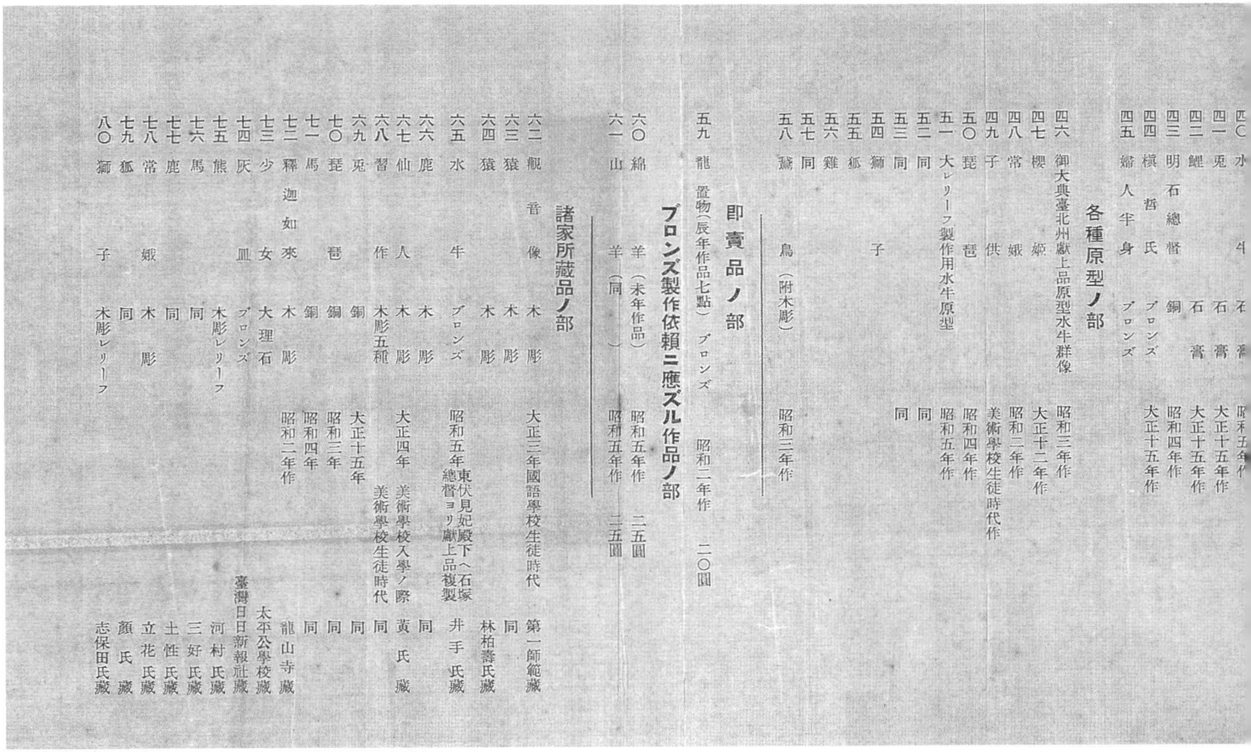

四〇　水　牛　石膏　昭和五年作
四一　兎　石膏　大正十五年作
四二　鯉　石膏　大正十五年作
四三　明石總督　銅　昭和四年作
四四　槇哲氏　ブロンズ　大正十五年作
四五　婦人半身　ブロンズ

各種原型ノ部

四六　御大典臺北州獻上品原型水牛群像　昭和三年作
四七　櫻　姫　大正十二年作
四八　常　娥　昭和二年作
四九　子　供　美術學校生徒時代作
五〇　琵　琶　昭和四年作
五一　大レリーフ製作用水牛原型　昭和五年作
五二　同　同
五三　同　同
五四　獅　子
五五　狐
五六　雞
五七　同
五八　鷲　鳥（附木彫）　昭和三年作

即賣品ノ部

五九　龍　置物（辰年作品七點）　ブロンズ　昭和二年作　二〇圓

ブロンズ製作依賴ニ應ズル作品ノ部

六〇　綿　羊（未年作品）　昭和五年作　二五圓
六一　山　羊（同　）　昭和五年作　二五圓

諸家所藏品ノ部

六二　觀音像　木彫　大正三年國語學校生徒時代　第一師範藏
六三　猿　木彫　同
六四　猿　木彫　林柏壽氏藏
六五　水牛　ブロンズ　昭和五年東伏見妃殿下へ石塚總督ヨリ獻上品複製　井手氏藏
六六　鹿　木彫　同
六七　仙人　木彫　大正四年　美術學校入學ノ際　黃氏藏
六八　習作　木彫五種　美術學校生徒時代　同
六九　兎　銅　大正十五年　同
七〇　琵琶　銅　昭和三年　同
七一　馬　銅　昭和四年　同
七二　釋迦如來　木彫　昭和二年作　龍山寺藏
七三　少女　大理石　太平公學校藏
七四　灰皿　ブロンズ　臺灣日日新報社藏
七五　熊　木彫レリーフ　河村氏藏
七六　馬　同　三好氏藏
七七　鹿　同　土性氏藏
七八　常娥　木彫　立花氏藏
七九　狐　同　顏氏藏
八〇　獅子　木彫レリーフ　志保田氏藏

黃土水遺作展於昭和六年五月九日、十日兩天，在尚未落成的台北市「公會堂」（今中山堂）展覽，當時此處尚稱「舊廳舍」（即台灣總督府最初地址）。此次的八十項展品因日後這些「國寶級」作品的失落，今日他的創作已無法再作完整展出了。

舊廳舍（今中山堂原址）舉行黃土水遺作展覽會，展出作品七十九件。台灣教育會出刊的《台灣教育》雜誌也推崇他爲「雕塑界的麒麟兒」，更對上天不能假以歲月，使他「進而為世界的藝術家」表示惋惜。遺作展後，〈南國〉由黃土水遺孀交由台北市役所（台北市政府）收藏，做永久陳列；這幅「薄肉雕」技法的巨作是唯一能在公共場所欣賞到的黃土水眞跡。它目前尚安置在台北市中山堂光復廳背後二樓與三樓石階前的中央壁上，光線陰暗，地位不顯著；令人憂心的是，那是不堪歲月侵蝕的石膏作品。

一九八二年，文建會撥出八十餘萬元經費，將又名〈水牛群像〉的〈南國〉翻銅，陳列於台北市立美術館的作品，即是當時翻銅複製的作品之一。

黃土水是台灣近代美術的先驅，他雖然學習西洋雕塑，但他的感情仍是鄉土的；他懷抱自己的鄉土，在藝術創作上發揮濃郁的鄉情。更重要的是，他開啓了台灣美學觀點的「世界觀」！

黃土水軼事

●藝術不可計價

黃土水在東京美學校就讀期間，十分用功。張深切說：「(他)孜孜矻矻地打大理石，除了吃飯，少見他休息。」

有一次，同學開玩笑問他：「喂，你敲打一下值幾分錢啊！有沒有一分錢呢？」。

「哪有一分錢，你看！我不是敲打了好幾百萬下了，」黃土水如此昂然答道。

●蓋雕塑室何其難也

台灣第一位雕塑家黃土水最喜歡雕塑水牛，想是「那拖著龐大的身軀，忍辱負重，踏著蹣跚步伐爲鄉人服務」的精神感動他吧！

黃土水旅居日本，日本不產水牛，他爲了研究水牛造型，回到台灣。初假萬華黃金生老精米廠一隅，放牧水牛及飼養白鷺，晨夕觀摩。

後來，黃土水爲求更大工作空間，擬在大稻埕建成街建造工作室，乃依法繪製建築藍圖，向市役所申請。承辦人日人技正故意刁難，原因有二：一是設計圖不是他們所指定的某代書人所設計；二是懷疑黃土水爲參加台灣文化協會的反日分子。

黃土水在不得要領下，乃向民政長官賀來佐賀太郎申訴，民政長官知道黃土水在日本是有名藝術家，乃責令屬下，三天之內務必核准他的申請案，違則撤職。

市役所批准後，工事隨即進行，但建成街派出所警察時來干涉責難。有一回，賀來長官前來巡視工程進度，停車在門前，爲警察所見，打聽之下，知是長官座車，心想黃土水必然是和當局關係非淺，從此以後，不敢再干涉工事進行，工作室的興建就一帆風順了。

黃土水年表

年份	年齡	事蹟
1895	01歲	七月三日出生於台北艋舺（萬華）。
1905	11歲	就讀公學校（小學）。
1911	17歲	小學畢業，考進台灣總督府國語學校。
1915	21歲	國語學校畢業，四月分發任教於大稻埕公學校。十月負笈日本東京美術學校雕塑科木雕部當選修生。
1920	26歲	三月東京美術學展畢業再入研究科。十月以〈蕃童〉（山童吹笛）入選第二回日本帝國美術院展覽會。
1921	27歲	十月以〈甘露水〉入選第三回日本帝國美術院展覽會。
1922	28歲	三月，自東京美術學校研究科畢業。十月以〈擺姿勢的女人〉入選第四回日本帝國美術院展覽。受日本皇太后及攝政宮委託製作〈帝雉〉〈華鹿〉櫻木雕。
1923	29歲	和廖秋桂結婚。呈獻作品〈三歲童子〉給來台訪問的裕仁皇太子。
1924	30歲	〈郊外〉入選第五回日本帝國美術院展覽會。
1926	32歲	製作新年吉祥物青銅兔五十件，由《台灣日日新報》銷售，以後每年再推出類似複製作品至其過世之年。完成〈台灣風景〉〈釋迦牟尼佛像〉〈歸途〉三件作品。
1927	33歲	十一月，在台北博物館以及基隆公會堂舉行個展。
1928	34歲	九月，台北州廳決定以黃土水製作水牛像做爲「御大禮」的獻禮。製作久邇官夫婦塑像。
1930	36歲	完成生平最大的作品〈南國〉（又名〈水牛群像〉）。十二月二十一日逝世。

（1900～1977）

台灣歌謠詮釋者

許丙丁

【語錄】

●「早信人間金萬能，固窮甘守苦何曾？也知富貴浮雲事，午日翻書解鬱蒸。」

【評價】

●「許丙丁先生不但是一位台語文學兮（的）創作者，伊（他）復（又）是一個多才多藝兮（的）學者佮（和）藝術家，伊琴、棋、書、畫，舊文人彼（那）套本事，會使（可以）講是十八般兮（的）武器，件件皆能。」——呂興昌

赤嵌樓是荷蘭時期所築，樓閣則為清末所建，是台南市重點古蹟之一，許丙丁的＜台南三景＞曾以為題。台南市的一景一物都令這位古都耆老情之所鐘。

台灣歌謠詮釋者許丙丁，字鏡汀，號綠珊盦主人，簡署綠珊盦，出生於一九〇〇年九月二十四日（舊曆光緒二十六年閏八月初一），台南人。

研究台灣民俗的著名專家中，有兩位以「地支」爲名，一位是台北市的曹甲乙，另一位就是台南市的許丙丁。他們兩人的研究範圍都很廣泛，也十分熱衷台灣歌謠。

沈迷講古　潛移默化

在台灣舊俗「嬰兒三朝」（古稱湯餅會，俗稱三日）中，長輩替嬰孩號名（命名）時，往往要將小孩的八字（即生年、月、日、時）送請相命仙（算命士）推挑，卜出命運的好壞，如果命裏缺少五行——金、木、水、火、土之一或二，命名時必須補足其「欠缺」，才能解厄，並帶來好命運。以「丙丁」爲名，大抵是缺火，這和取名爲火炎、炳煌、根火、朝炎、火煉等是一樣的意義；許丙丁之名即是遵循這個傳統習俗而來的。

許丙丁自幼聰穎，惹人憐惜，不幸十一歲時父親逝世，端賴母親陳太夫人含辛茹苦撫養他成人。他在幼時入私塾讀漢文，就學於朱定理、石偉雲兩位先生；由於就學之處位於大天后宮側，因此這座建於一六八三年的台南媽祖廟，成爲許丙丁童年的遊戲園地。大天后宮奉祀數十來尊泥塑、木雕的莊嚴神像，給與他小小心靈的不是對造化的驚畏，而是濃郁的鄉土情懷。

每天放學後，許丙丁最感興趣的，莫過聽老者講古（說書）了。那時台南有好幾處說書道場，關帝廟後殿的「講古海仔」、大太子廟前的「講古俊仔」，以及大天后宮的「講古潭仔」，都是名聞古都的響叮噹人物。就在大天后宮的照壁前，列著一排排長木凳子，幼小的許丙丁經常穿梭其間，成了講古潭仔的忠實聽眾。講古題材不外是《說岳》《三國演義》《水滸傳》《濟公傳》《彭公案》《施公案》《七俠五義》等章回小說。年過半百的講古潭仔，文謅謅的，未老先衰，鼻樑上懸著老花眼鏡，掛不住似的，顯得弱不禁風。看他左手持著話本，右手握著一柄摺扇，當講《濟公傳》時，說到「那濟顛活佛口中念念有詞，喝聲疾……」即將手中扇子由空中往下一劃，那種學濟公的唯妙神態，令許丙丁深深著迷。若干年後，許丙丁的著作《小封神》《廖添丁再世》，也成了講古藝人的口中課本和聽書人的耳鼓資料。如果說是緣分，倒不如說是潛移默化的影響。

參與詩社　維繫文化

許丙丁稍長，爲人幫傭貼補家計，但仍自修不輟。後來投考「台灣警察官練習所」特別科，三千考生中，僅錄取兩位台灣人，他是其中一位。畢業後服務警界，因工作認眞，破案多件，累升至台南州刑事部長。

許丙丁維繫地方安寧、整貪除暴，正邪咸服，尤以屢破奇案，更是人口似碑。他雖身爲日人官吏，但保護善良，勸除頑劣，不遺餘力，因此大家對他十分敬畏。許丙丁三代單傳，自幼喪父，長承母愛，十分孝順母親，所以被他逮捕宵小劣頑，常藉口老母待養以邀憐，許丙丁雖然明知有詐，也每每採用釋放。受此推己及人的做法感化者，也大有其人。

日治時代，台南州的台南市爲前清郡治，文風夙著，文人雅好集會吟作，詩社林立。由趙雲石、謝籟軒、連雅堂在一九〇六年創設的「南社」，風雲匯集，呈一時盛況，無奈後因組織鬆弛，漸呈老化。繼起才俊自比春鶯出谷，乃另立「春鶯吟社」。一九二三年，南社前輩詩人相繼凋零，社務推行乏力，無

所作爲，一部分社員乃決議仿春鶯吟社另立組織，於是在當年四月三日，成立「桐侶吟社」於三四境（今台南市忠義路）的同裕當鋪，公推吳子宏爲社長。當時許丙丁年方二十四，已有文名，被邀入社，每月擊鉢皆有參與，是桐侶吟社中極活躍的年輕才俊。

日治時代，台灣知識分子爲保持傳統文化，相尚以詩，遂促進詩社之發達。殖民政府卻積極推行大和教育，初設日語講習所，旋置公學校（相當於國民小學，供台灣學童就讀），威迫利誘台灣人接受同化教育，於是以漢文教學的私塾漸廢，並隨遺老凋零而命脈垂危。在固有的漢文存亡日受威脅之下，仁人志士爲圖挽救民族文化於垂危掙扎之中，乃紛紛崛起，鳩資創辦中文雜誌，與詩社活動互爲表裏。南社的中堅及後起之秀在一九三〇年九月九日創刊的《三六九小報》，就具備了維繫傳統文化命脈的使命。許丙丁義不容辭撰文作畫，共展篇幅。

《三六九小報》每月逢三、六、九日發行一期，形同小型報紙，八開四面，版面不多，內容甚爲可觀。刊載內容除了小說、詩詞外，另闢「雜俎」「史遺」「古香零拾」「開心文苑」等專欄，或蒐古人餘墨，或摭古人軼事，或輯民間歌謠，雅俗並錄，長短兼收，爲舊文學別開生面。其週年紀念時，有自署「鯤南隱士」的賀詞，足以道盡此報之特色：

「試觀三六九報，名稱雖小，而意實深，譏諷詼諧，儘有機致；嘻笑怒罵，皆成文章。毛錐一管，直是社會之砭針；墨汁三升，可為人世之藥石。況操其觚者，多屬雋才，羅逸事於胸中，發牢騷於紙上，字字生香，篇篇有趣，視以他報，篾有加矣。」

連橫（雅堂）之《台灣語典》《雅言》亦曾在《三六九小報》連載；連雅堂在《台語老釋》序二有言：「余既整理台語，復懼其日就消滅也，悠然以思，惕然以儆，愴然以言。」一九五八年八月，中華叢書版《台灣語典》出書，許丙丁等爲之增校。

文墨事功　造福鄉梓

《三六九小報》於一九三一年三月連載許丙丁所撰寫滑稽童話《小封神》，這是台灣第一部以漢字台語寫成的小說，他以台南市各大小寺廟所崇祀的神佛爲角色，借用街談巷議的傳說，以幽默的筆法寫成章回神話小說，另闢神話與笑話混合的寫作方法。正如他填的〈如夢令〉：「直把台南廟寺，描寫神奇怪事，是遊戲文章，不是欺神罵鬼，有理無理，何必咬文嚼字。」

一九五一年秋，《小封神》結集付梓時，加以增訂，並改寫成中文，許丙丁再爲文撰寫〈寫在小封神的前頭〉，語意所寄，讀來當知其用心之所在：

「小封神的開始，曾在十數年前，已刊載於三六九小報，近來因為幾位好友的鼓勵，催促我這本小冊子重新出刊。

「在這種情形之下，我也曾考慮過，似我這一味荒唐文辭既不暢達，而又缺乏系統組織的東西拿來問世，豈不是魯班面前弄斧嗎？

「當我寫小封神的時候，離現在已隔數十年，然而彼時的時代、背景固有異同於現代，其只不過是五十步笑百步而已。

「本書的取材與內容，是把我們的舊都——台南市寺廟的神佛，和道聽的

塗說，結合我的思想腦汁，也可以說是無中生有湊成的一段笑話趣聞，當然不能說是成熟的作品，故希望讀者當懷以聽笑話趣聞的心情，來讀這本小書，更希望讀者恕我荒唐無心之罪！

「為甚麼人家虔誠地崇拜的佛，蟻民們至誠叩響頭的神，竟敢如此膽大包天的胡亂冒瀆神佛，難道不怕死後，打落地獄受敲牙割舌的苦刑嗎？或者會有人懷疑我是基督教的信徒也未可知吧！

「不——那實在不敢當，老實的說：我是一個佛教徒中斥除迷信的革命者。

＜小封神＞是許丙丁最有名的作品；他將台南市各廟宇的神佛請到人間，第一次稿本是以台語寫成，於一九三一年在＜三六九小報＞連載。

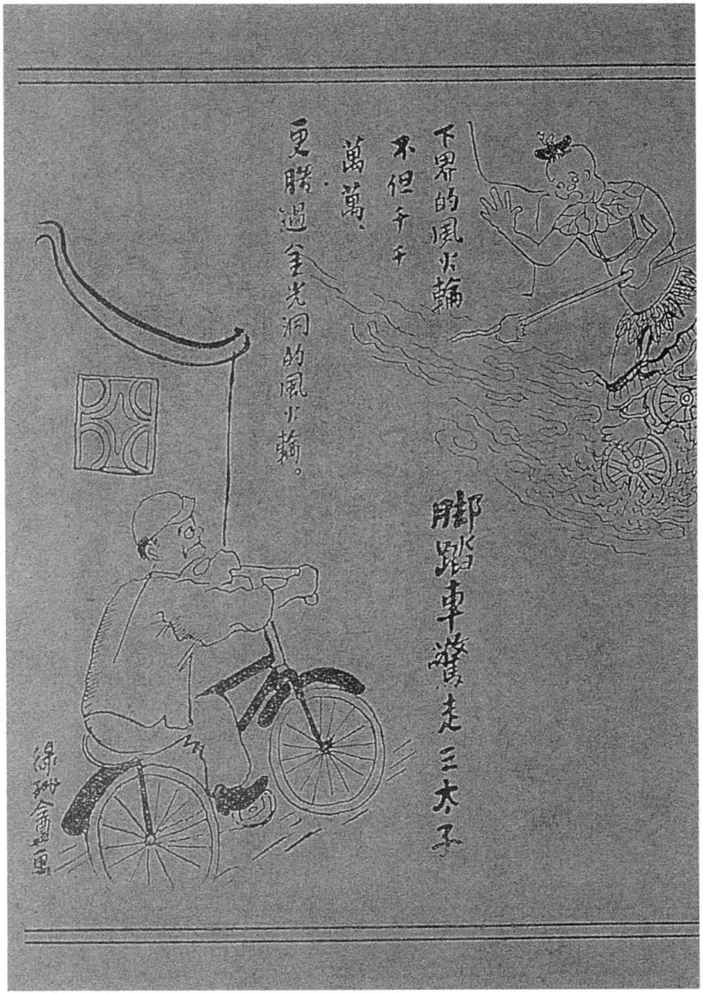

許丙丁為＜小封神＞畫插圖，哪托下凡，他的風火輪竟然在人間處處可見，令祂驚奇，其實那是一輛一輛的腳踏車。

「不信我們睜開眼睛看，近代的社會，已進達原子能的時代，再看看我們的古都又怎樣呢？仍然守著尚鬼的陋習，試問……三百年來的民族精神究竟在那裏？

「你看一些所謂社會仕紳賢達們，濟濟然滿途，貿貿然迎神賽會，以此來迎合一般低級群眾心理，為了穩固自己的地位，甚至領導愚夫蠢婦，求神治病，求財、求子、結婚、選舉，利用神權萬能，一切靠求神佛保祐，如此勞民傷財，孰不知其用心安在！

「我是個鄉土觀念最深的人，也可以說我最愛的是鄉土，自然希望我的鄉

土一切不合理的、開倒車的事理，隨時代而改進，隨時代而發展！

「當我的感情達到了成熟的階段，便毫無忌憚的痛快淋漓的流露出來，至於道學家迷信者的批判抨擊我是一個污蔑神佛者，那只有讓它自生自滅。

「《小封神》似乎偏於地方性台灣方言，俗語自是很多，把鄉土地方民俗毫無拘束的寫出來，讀者讀來，自自然然地彷彿領悟，平靜後，或許會在《小封神》裡發現了自己的縮影，會禁不住哈哈大笑……狂笑……微笑……苦笑…………於憂傷愁場裏也或者引入歡天喜地。」

許丙丁是一位多彩多姿的文人，如香農先生所言：「功文墨，喜漫畫，能文而兼精詩，幽默而且風流，善南腔而擅北調，慣作流行新曲，時為古風鄉歌，興之所之，作優孟以登場，情或不禁，為周郎而顧曲，伊何人？乃許子丙丁君也。」

一九四三年（昭和十八年），他以日名「本山泰若」出版《實話探偵秘帖》，係將歷年刑事偵察破案記錄編輯而成，以做「天網恢恢疏而不漏」警世之著。

終戰之後，一九四五年十一月九日

許丙丁是多彩多姿的文人，早年參加詩社，是舊文人，但思想永遠年青，難怪他時有「新作品」，「多元」的創作，使其在各領域均有盛名。

「台南州接收委員會」成立，韓聯和擔任主任委員，許丙丁被邀擔任幹事，襄助接收日本人的警務機構。

他古道熱腸的性格，免不得有好管閒事之好，但是熱心公益，使他博得鄉民愛戴。一九四

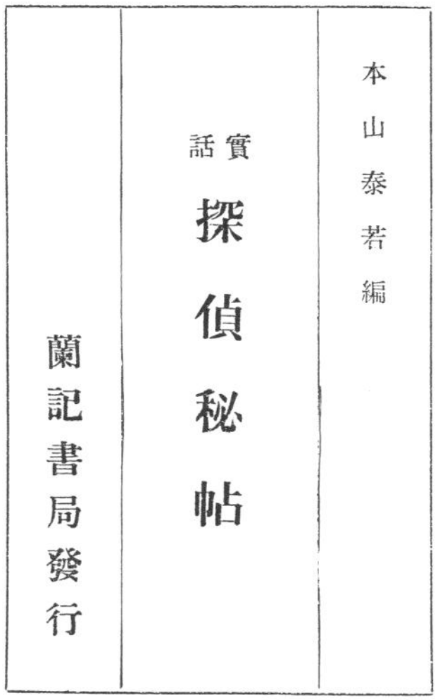

許丙丁以「本山泰若」出版<實話探偵秘帖>，這本偵探小說係日文創作，是台灣推理小說的先驅之作。

許丙丁的自畫像。日治時代，台灣漫畫家不多，他是當代的業餘漫畫家，作品雖然不多，但這些先驅作品，應記錄在<台灣漫畫史>。

七年二二八事變時，他被民眾推舉擔任處理委員會一員，維持治安，險遭不測，仍不改服務桑梓之心，曾自稱是位「沒有政治（野心），缺乏經濟知識，老眼昏花，一肚皮不合時宜。」（見其著作《廖添丁再世》第一回。）

許丙丁歷任市參議員、市議會議員，爲民喉舌，並出任台南市第七信用合作社理事主席、台南汽車客運公司常務監察人，以

許丙丁熱心公益，也由於他在家鄉頗孚眾望，常被邀請參加各項活動，剪綵對他而言，有如「家常便飯」。

及私立台南救濟院（養老）董事、董事長。

由於採風擷俗的興趣以及對史蹟、史實的見聞，許丙丁獲聘擔任台南市文獻委員會委員，長達二十六年。其間，他在《台南文化》季刊撰述不少文章，爲史料存證立下不少功勞。

一九五九年，逢許老六十大壽，台南市文獻委員會同心擬在《台南文化》季刊製作專輯紀念，他婉轉辭

許丙丁身兼多項職務，主持會議或受邀演講，都得心應「口」，而且他還擔任過為民喉舌的議員。

謝，一方面乃謙虛自持，另方面慈母在日，壽慶之歲不許從俗浪費，無怪大家以古人名聯「肝膽一古劍，風雪萬梅花」稱讚許老了。

詮釋民謠　傳唱不輟

許丙丁愛好古樂，少年時即雅好南管，而後學習京劇，頗有心得。一九四五年十月十日，他籌組「台南天南平劇社」，集合愛好平劇人士相互切磋，並不定期舉行公演。他擔任該社社長三十餘年，出錢出力，夫人隨唱有成，傳爲佳話。許丙丁粉墨登台，飾演楊四郎，演來有板有眼，唱作俱佳，很受好評。

對於民謠，許丙丁也極爲喜好，迷愛甚深，常常談唱。有一回跟朋友在寶美樓酒家餐敘，酒酣耳熱之際，居然信手取來掃把當做船槳，與酒女一唱一

雅好戲曲的許丙丁，常常自告奮勇擔任後台樂手，他一手敲響板、一手擊鼓，有模有樣，頗有職業水準。

和，又搖又擺，合演《桃花過渡》。許丙丁不拘小節的作風，台南府人常做談話資料。

「民歌最易上口，聽來特別感到坦白、純真、渾樸，充滿著民族色彩與地方的氣息和特有音律，句句是從心靈底情感的流露。聽民歌，正如你無條件的愛好你的故鄉，愛聽故鄉的鄉音，愛聞故鄉泥土的芬芳。」這是許丙丁在〈我提唱民歌的理由！〉一文中的一段話，語短心長。

喜歡平劇的許丙丁，偶而也粉墨登場，樂起戲來，＜四郎探母＞是他最愛的一齣戲。

不談許丙丁的文墨事功，單以他在台灣歌謠方面的貢獻，就足以留名了。今日大家傳唱的〈六月茉莉〉〈卜卦調〉〈牛犁歌〉〈思想起〉〈丟丟銅仔〉〈牛尾調〉的歌詞，就是出於他的手筆。他取材自台灣傳統民謠，以細膩、純樸或帶詼諧的筆法，表達出濃郁得化不開的鄉土情味，無怪大家百唱不厭。

〈丟丟銅仔〉和〈思想起〉，這一北一南的台灣民謠，是大家最感親切的旋律，許丙丁爲其塡了新詞，重新詮釋，雖然流傳殊異，但我們吟唱於心，細嚼慢嚥，其中滋味就像蹲在路邊攤吃了一碗香味可口，令人回味無窮的擔仔麵一般。

丟丟銅仔（首段有襯詞，第二段後省略）

一、雙腳踏到伊都啊麥伊都丟，哎唷，

台北市嘿；
看見電火伊都丟丟銅啊伊都啊麥伊
都丟啊伊都寫紅字。
二、人地生疏，來擱去，
險紅黑頭仔，撞半死。
三、借問公園，對叨去？

許丙丁伉儷在自宅前合影。一生浪漫的他，對夫人十分尊敬，和睦的家庭，人人欽慕。

問著客人，我不知。

四、拖車走來，拖我去，

去到公園，摸無錢。

五、車夫開嘴，噪佮鄙，

腰包無錢，坐要死。

六、拖車大哥，免生氣，

明年還你，毋佮利。

這是一首描述「大嬸婆遊台北市」的小故事。鄉下人初到繁華的都市，看到閃閃爍爍的霓虹燈大感新奇，左瞧右望，處在人生地不熟的環境，迷失方向，走來踱去，差一點給橫衝直闖的汽車（黑頭仔）撞到，「好佳哉」！（好險啊！）想一想，天色也晚了，還是先找個地方歇個腳，於是打聽公園往哪裏走？想不到問來問去，卻問到一位客家人，他所說的話一句也聽不懂。適巧一輛人力車（拖車）駛了過來，毫不猶豫地上了車，好不容易到了目的地。下車後準備付車資，腰包掏了半天，卻摸不著錢包，惹得車夫老兄怒火中燒，毫不保留地破口大罵：「無錢想欲坐車，坐要死！」然而大嬸婆卻慢條斯理地說：「拖車大哥，不要生氣啦！明年我再到台北來玩的時候，一定連本帶利地償還給你。」多麼生趣、親切、淺俗的描述！

思想起（首段有襯詞，第二段以後省略）

一、思想起，日頭出來，滿天紅啊！

枋寮若過去啊伊都是楓港，哎唷喂；

希望阿哥仔來痛疼，哎唷喂，
痛疼小妹仔做工人，哎唷喂。

二、思想起，四重溪底全全石，
梅花當開會落葉，
小妹想君沒得著，
較慘拖命吃傷藥。

三、思想起，恆春大路透溫泉，
燈台對面馬鞍山，
阿哥返去妹無伴，
親像轆鑽刺心肝。

四、思想起，恆春過了是車城，
花言巧語不愛聽，
阿妹講話若有影，
刀鎗做路也敢行。

這首恆春民謠，在許丙丁「觸景寄情」的筆法寫來，其「情」境又是一番風味。

〈菅芒花〉詞意的優雅、含蓄、淳樸，更是台灣歌謠不可多得的佳作！原曲是鄧雨賢的作品，許丙丁的「新詞」再添無比的韻味！

菅芒花

一、菅芒花，白無香，冷風來搖動；

無虛華，無美夢，啥人相痛疼，
世間人，錦上添花，無人來探望，
只有月娘清白光明，照阮的美夢。
二、菅芒花，白無味，生來不著時；
無玉葉，無金枝，啥人會合意，
世間情，鏡花水影，花紅有了時，
只有風姨溫柔搖擺，照阮的腰肢。
三、菅芒花，白文文，出世在寒門；
無美貌，無青春，啥人來溫存，
世間事，一場幻夢，船過水無痕。
多情金姑來來去去，伴阮過黃昏。

許丙丁除了爲民謠、老歌塡詞外，還和流行歌曲作曲家小同鄉許石、吳晉淮、文夏等人合作，如〈漂亮你一人〉〈青春的輪船〉〈可愛的花蕊〉〈飄浪之女〉〈菅仔埔阿娘仔〉〈南國的賣花姑娘〉等。更值得一提的是，他還慷慨資助這些作曲者出國研習、開辦演唱會；許丙丁的用意是鑑於東瀛流行歌曲在台灣氾濫，而欲挽回沈鬱孤寂的本土流行歌曲的地位。其實以他當年在文化界的地位，何嘗要涉足流行歌壇，去做一位毫無舉足輕重的角色呢？

古都風光　吟唱鄉情

許丙丁還留下了〈台南三景〉這首歌，紀念生於斯、長於斯的故鄉景物：

崁城春月

崁城月亮，花笑春光，
團圓一樣，缺憾千般，
照著生涯哀苦，那有美島仙鄉；

一九五七年，許丙丁贊助吳晉淮舉行演唱會。他先後資助的流行歌曲作家還有許石、文夏等人；而自己也有不少的詞作流傳。

月姊，月姊，你的軟心腸，
怎不幫忙，也不主張，
永遠站在清高觀望。

鄭祠寒梅

梅花爛漫，鄭王祠畔，
三百年樹，霸業留殘，
可憐忠心未泯，屈南枝向北難；
梅花，梅花，鐵骨耐霜寒，
花事闌珊，春雨瀰漫，
知是孤臣心淚未乾。

安平晚渡

安平潮聲，綠水盈盈，
海天欲暮，萬點漁燈，
億載城邊殘照，贏得蜃市淒清；
風輕，風輕，一棹拜延平，
眉月孤明，霞抹紅城，
疑是英雄熱血染成。

許丙丁退休後仍關心鄉梓，服務鄉人，不落人後。晚年自書一對門聯於綠珊盦：

喜庭前在陶徑中，栽幾株傲菊；

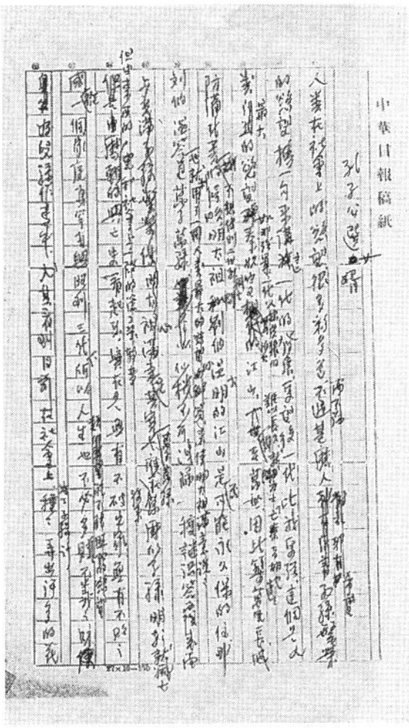

許丙丁的手稿。他的寫作範圍很廣，舊詩、小說、文獻論著、打油詩、流行歌等等都有，是台灣文壇少見的多方面才藝的創作者。

住陋巷除顏瓢外，藏數卷詩書。

橫段則爲「藉一山一石以養未盡餘光」，可知其坦蕩胸懷。

許丙丁逝世於一九七七年七月十九日，得壽七十有八。八月十二日公祭，不僅台灣文化界人士多人前來致花，執教於法國巴黎大學研究台灣民俗的荷蘭學者施博爾、吳德明也親臨執紼，足見他生前的聲譽。

斯人已逝，遺愛永存。思及許老在世時參加婚禮，應邀致詞時，最喜歡使用的一句賀詞是「一隻雨傘雙人遮」，令人思及「傘上綿綿細雨，傘下綿綿細語」的意境，而許丙丁詮釋民謠的風格，就是表達出這種鄉土情懷、吾民心思，怎不令我們吟唱人生？

許丙丁軼事

●十七字滑稽詩

許丙丁所作的「滑稽漫畫」，喜題「十七字詩」，他的詩畫自成一格，閱之令人莞薾，錄數首如下：

相約在公園，戀愛正溫存；
忽然警官到，銷魂！

選舉投票時，百拜又頭低；
議員做過手，展威！

頂司管下司，鋤頭管糞箕；
折腰五斗米，堪悲！

嫁女笑當今，借問父母心；
所重是何物？聘金！

路遇美姑娘，垂涎三尺長；
踏著芎蕉皮，跌傷！

高明齒科醫，嘴齒無半枝；
自病醫不得，真奇！

以糖尿煉糖

許丙丁以「新職業紹介（介紹）所」主席身分，做以下「創新」建議，不過他說：「信不信由你。」

他說：「在台灣，糖尿病者雖然沒有確實統計，聽說占百分之十，如此龐大的病者，在身體內的糖分必定有可觀數量，因此集合全國糖尿病者組織民營糖廠，以其糖分量最多爲董事，廢物利用，將其排泄抽出糖分，依現時製糖方法來製糖，輸出外國，爭取外匯。」

許丙丁年表

年份	歲數	事蹟
1900	01歲	九月二十四日出生。
1923	24歲	入「桐侶吟社」爲社員。
1931	32歲	以漢字台語撰寫《小封神》，連載於《三六九小報》。
1943	44歲	以「本山泰若」之名出版《實話探偵秘帖》。
1945	46歲	擔任台南州接收委員會幹事。組織台南天南平劇社。
1946	47歲	擔任台南市市參議員。
1947	48歲	擔任「二二八事件處理委員會」台南分會委員。
1957	52歲	《小封神》以改寫的中文版付梓。
1952	53歲	當選第二屆台南市市議員。
1954	55歲	連任第三屆台南市市議員。後出任之職務有台南市第七信用合作社理事主席、台南汽車客運公司常務監察人、私立台南救濟院董事長等職。
1959	60歲	台南市文獻委員會在《台南文化》季刊製作專輯，爲許丙丁六十大壽慶生。
1977	78歲	七月十九日病逝台南市。

爲藝術鄉梓堅持完美

李梅樹

（1902～1983）

● 山峽溪上的三峽拱橋。三峽昔稱「三角湧」，曾經是繁榮的河流，一九三〇年代逐漸沒落，李梅樹「蓋廟」而發展觀光事業，使小鎮不再沉寂。他的彩筆更亮麗了鄉土的色澤。

李梅樹

富家子弟　立志作畫

「台灣寫實美術巨擘」李梅樹，一九〇二年二月四日（陽曆三月十三日）出生於海山堡三角湧（今台北縣三峽鎮）。

三角湧又名三角蹓，位於台北盆地西南邊緣，因位處大嵙崁溪（今大漢溪）、橫溪和三角湧溪匯流的三角形平原而得名。台語「湧」是「浪」的意思，指水勢溢溢。此處開發甚早，可追溯到一七三二年（清雍正十年），大規模的開墾則在乾隆初年，移民來自泉州安溪。安溪人的守護神是清水祖師，一七六九年（乾隆三十四年）名爲「長福巖」的祖師公廟建造完成，聚落以三角湧溪（三峽溪）西岸的廟爲中心，沿著溪岸成街，祖師廟不僅是信仰中心，也是社區中心、文教中心，更成爲三角湧人在歷史命運下的精神歸屬象徵！

李梅樹出身富裕之家，良好的家教使他從小偏愛藝術。從商的父親李金印愛好音樂，行醫的大哥劉清港（從母姓）更是三角湧青年音樂會的負責人；耳濡目染下，李梅樹的音樂素養頗爲扎實，更

李梅樹是台灣「寫實主義」繪畫的巨匠，謝里法說他是台灣美術運動的「守勢的角色」。還說：「如果說其他的人的畫叫西洋畫的話，他的畫，我們寧願只稱為油畫，因為他是用油畫畫出與西洋人的油畫潮流沒有關係的繪畫。」

因童年常在祖師公廟廟埕嬉戲，成長階段也常徘徊其間，對於民間畫師在廟宇留下的手藝十分折服，竟也嚮往將來「以畫爲生」。

李梅樹於九歲（一九一〇年）就讀三峽公學校，一九一五年直升三峽公學校農業實驗科（兩年）。十七歲考入台灣總督府國語學校；翌年，該校更名爲台北師範學校。他在台北求學期間，三峽陸續興建一棟棟清一色紅磚砌造，結構爲硬山閣樓欂形式，富有豐富裝飾紋樣的街道（今中山路與民權街，亦即「三峽老街」）。

大正九年（一九二〇年），李梅樹十八歲那年，日本人正式將三角湧易名爲三峽。

熱衷美術　台展入選

李梅樹進入國語學校那年，熱衷於研究美術，開始向日本郵購有關繪畫知識、技法方面的《講義錄》，以自修的方式研習油畫。

一九二二年，李梅樹畢業於台北師範學校，被派往瑞芳公學校任教；此時，他積極準備負笈東瀛學習美術，不過守舊的家庭極力反對，要他先行結婚，因之只好將胸懷的計畫給壓制下來。

然而，李梅樹執迷於美術的心不變，時常返回母校參加他畢業當年、甫自日本派來任教的石川欽一郎開辦的暑期美術講習會。石川留學英國，是將水彩畫技法傳入台灣的第一人，也是台灣新美術運動的播種者。這是李梅樹第一次接受大師級畫家的指導，與他同時參加講習會的會員還有倪蔣懷、陳植棋、李澤藩、李石樵、藍蔭鼎、楊啓東等人，都是日後台灣美術運動的重要人物。

李梅樹一面教學、一面繪畫。其父過世那年（一九二四年）調回家鄉任

教，先後在三峽、尖山公學校服務；漫長的六年八個月教職生涯中，他堅持畫筆，作品兩度入選官方舉辦的「台灣美術展覽會」；一九二七年，以一幅三十號的油畫〈靜物〉入選第一屆台展，翌年，再以三十號風景油畫〈三峽後街〉入選第二屆台展。

他的實力和意向終於獲得家人的了解，大他十七歲的兄長劉清港醫師，更全力贊同他前往日本深造。

旅日習藝　再上一層

一九二八年十一月二十七日，李梅樹終於得償宿願，從基隆港搭乘信濃丸油輪前去日本。經過五天的海上顛簸，終於在十二月一日的深夜抵達東京碼頭，在船上，他巧遇另一位畫家陳澄波。

初逢異鄉的雪景，李梅樹十分興奮，然而爲了通過東京美術學校的入學考試，他即刻安排了緊湊的考前準備功課。

上午八點到十二點到川端畫學校，下午一點到五點往新宿同舟舍，晚上八點到十點則在本鄉研究所等三個地方勤練炭筆素描；回到宿舍還不敢稍息，面對自己所買的一尊維納斯石膏頭像，一再從各個角度去畫她，往往到凌晨一、兩點才入眠。如此經過四個月的努力不懈，終於在一九二九年三月考取了東京美術學校。

東京美術學校是日本名望最高，素以培養藝術家聞名的藝術學院，名師匯集。李梅樹進入該校一年級，即師事帝國美術展覽會審查委員長原孝太郎，接著又先後受教於小林萬吾、岡田三郎助等日本畫壇大師級人物。

李梅樹因有家庭的接濟，不必爲生活顧慮，得以專心學業，然而二年級時，曾因一向全力支持他的大哥劉清港遽逝，束裝返台。由於家庭事務全由大哥擔當，因此頓失中心，家人勸他放棄日本學業，留台承續家業，並慫恿他接受待遇優渥、工作安定的地方信用組合專務理事職務，但他不爲所動，堅決貫徹初衷，休學一學期後，仍然前往日本繼續學業。

李梅樹留日期間，熱衷參與藝術活動，曾參加光風畫會、赤島社和本鄉畫會等。

四年級時（一九三三年），他以一幅〈自畫像〉送回台灣，參選第七回台灣美術展覽會，獲得特選獎。這份榮譽肯定了他精益求精的藝術技法。

李梅樹的鉛筆自畫像，明快的筆觸不僅勾勒他的個性，也傳訴了他篤實、堅強的精神。

一九三四年，李梅樹畢業於東京美術學校，隨即返台。他和畫友們積極運作，籌組別於官展（台展）的另一個民間畫會，因而促成了「台陽美術協會」的成立，李梅樹和陳澄波、顏水龍、楊三郎、廖繼春、陳清汾、李石樵、立石鐵臣（日籍）是八位創始會員。

台陽美術協會發表的創辦宣言如下：

李梅樹的油畫自畫像，自幼即嚮往「以畫為生」的他，顯然知道這必然是一條坎坷的道路，難怪眼神有著沈雄悲壯的感覺。

「這次我們以同仁之鼎力，擬組織評畫團體——台陽美術協會。

在台灣已有台灣美術展覽會，繼續舉行八屆展覽，為台灣美術界貢獻甚大。我們為了想更進一步來普及美術思想，以期美術家之進步發展起見，同志聚集相謀，決定組織此協會，這不但是本島一般人士之要求，亦是我們同志必要之要求。

本協會除了為我們同仁互相切磋琢磨之機關外，呼

一九三七年，第三回台陽美術展覽會在台中展出時，會員舉行座談會。前排從左起：陳德旺、楊三郎、李梅樹、陳澄波、李石樵、洪瑞麟。楊逵（第二排左三）、張深切（後排左四）也在紀念照中。

籲全島以公募展覽會，為新進美術家能有自由發表之機會，並欲使其能成為一般人士精神生活之資源，相信我們真摯的努力與本協會之發展，它對本島之文化，有莫大之貢獻。但是，只靠我們區區之力量，絕對不能達成如此重大之使命，於是冀望全島之美術愛好者，隨時賜教指導，以期產明朗健全之美術。」

李梅樹參與民間美術活動之外，也繼續努力去敲台展的門；一九三四年，以一幅八十號油畫〈切蕃薯之女〉，入選第八回台展，並被當時的台北市役所（台北市政府）購藏。一九三五年，又以〈休息之女〉獲第九回台展特選第一席，並獲頒台灣總督獎。一九三六年，再以〈納涼之女〉獲第十回台展特選，同時被推薦爲「免審查」。

一連在台展中摘下數度殊榮的李梅樹，決定進軍日本帝展，進一步印證自己的實力。

一九三九年，李梅樹再度前往日本，賃屋埋首創作，以〈紅衣〉入選改由文省部所主辦的新文展（有人仍沿稱爲帝展）。翌年，再度以〈花與女〉入選「紀元二千六百年奉祝展」；此展性質同於帝展，是爲日本開國二千六百年而擴大舉辦的美展。他原擬再接再厲，以連中三元入選帝展的身分，爭取「無（免）鑑查」的資格，無奈因戰雲密布，不得不取消他每年爲了參加日本畫壇最激烈的競賽，而不辭艱困在日本租屋客居，閉門創作。

初涉政壇　服務鄉人

李梅樹的家族在三峽小鎮頗獲人望，再加上他的高學歷，因此在一九三四年，被任命爲三峽庄協議會員；此項職務，他在一九三五年和一九三八年的競

選中均獲當選。一九四二年，他還被選爲三峽街茶葉組合長，負責地方茶葉工廠的產銷事宜。做爲一位藝術創作者，李梅樹並不躲於象牙塔內，他十分熱心參與地方公益，這或許是在他的藝術生涯中，也有「從政日子」的原因吧！

一九四五年，日本戰敗投降，在政權移轉中，李梅樹奉派爲三峽街代理街長，協助地方治安。十月五日，接收先行人員飛抵台灣，在台北設立「台灣前進指揮所」，該所秘書處爲懸掛孫文遺像暨蔣介石肖像，尋查繪畫高手，當獲

李梅樹中年的照片。大多數的藝術家，時運不濟，命途多舛，然而李梅樹不僅出身富裕之家，一生也能「為所欲為」，而他所為都是為其理想。

悉李梅樹的寫實工夫不做第二人想，即委託他承擔此項工作，這在當時可是難得的殊望。

戰後第二年（一九四六年），原日本行政區域規劃的三峽街改爲三峽鎮，成立鎮民代表會，李梅樹以地方士紳的身分被推舉爲代表會主席，翌年並擔任長福巖（祖師廟）重修負責人，後改爲三峽長福巖清水祖師廟重建主任委員。

一九五九年，李梅樹的30F作品＜沈思＞，此幅作品中有「真實」的瓶花，也有「畫作」的瓶花；他選擇作為「畫作」的瓶花正是印象派大師梵谷的「向日葵」。

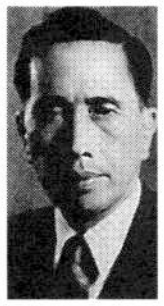

一九四八年，李梅樹接任三峽農會理事長，兼合作社理事主席。一九五〇年，台灣實施地方自治，台北縣第一屆縣議員選舉於十二月十七日舉行，李梅樹以最高票順利當選，並繼續連任第二、三屆共七年的台北縣議員，可以說是李梅樹從政的顛峰時期。任內三峽父老還一再敦促他參加台北縣縣長的選舉，他也有一試的意願，然而終在黨部以他能花費的競選經費有限，極力勸退下，而無法為其政治生涯再上一層。

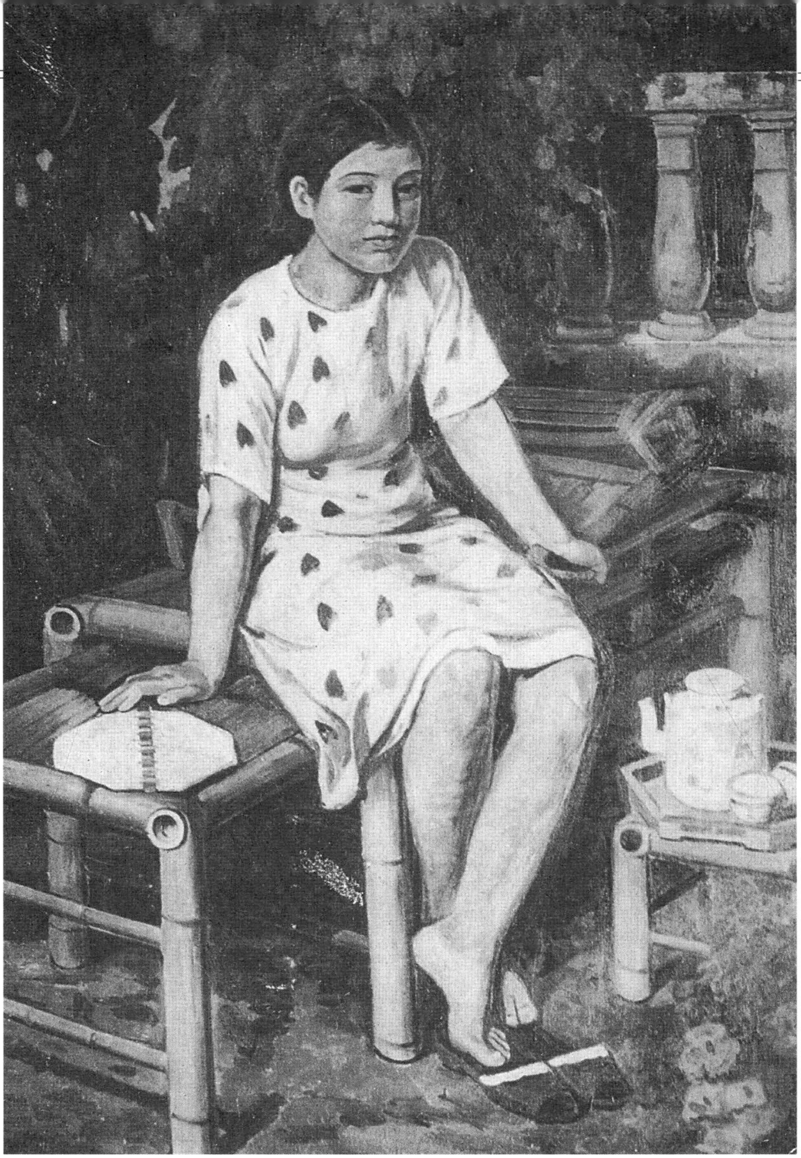

＜黃昏時＞，第十回台灣美術展覽會參展作品，畫作中的竹床、竹茶几襯托了仲夏時節的氣氛，是充滿鄉情的佳構。

教育崗位　盡責盡心

一九六二年，李梅樹接受中國文化學院研究所聘書，擔任教授，這是他開始投身美術教育的第一次；一九六四年，又應聘在該校大學部美術系授課。

一九六四年七月，國立藝術專科學校校長鄧昌國在該校美術工藝科主任施翠峰的推介下，邀請他出任美術科主任。李梅樹極重視學生的素描基礎，認爲唯有扎實的寫實功力，才能再探索各畫派的精髓；他對人體素描的要求十分嚴謹，並盡量以大幅作品來做更實在、更深入、更富於挑戰的磨鍊。

藝專雕塑科原屬於美術科雕塑組，李梅樹爭取將此科系獨立出來，使它更有條件培養雕塑專門人才。

七〇歲那年，李梅樹因熱心公益，而膺選好人好事代表，這項殊榮對他而言，雖然是錦上添花，但對古稀之齡能受社會肯定，自有特殊意義。

一九七五年，台北師範大學美術系也延聘他爲教授。

李梅樹在從事教育的歲月中，對學生十分呵護、獎掖、鼓勵，他一向視自己的作品如親生骨肉，然而爲募集學生畢業巡迴展的經費，更不惜賣畫。他曾積極培養同鄉後進，並希望時爲藝專助教的吳耀忠能做他的傳人，然而一九六八年七月，這位得意門生卻因「民主台灣聯盟事件」，和陳映眞、丘延亮等人被捕判刑十年；五〇年代的白色恐怖，更使他慨嘆而少談政治了。

一九七八年，他以美術界代表身分，應邀參加國建會，成爲第一位出席國建會的台籍藝術家；會中，他剴切地向政府提出對台灣美術教育的建言：

一、建議將國立藝術專科學校，升格為擬議中的國立藝術學院，因為藝專已有二十多年歷史，設有藝術各部門，只需要再增置一些設備，不難成為良好的藝術學院；如再新設，學生出路成問題，必形成人才浪費。

二、現代美術館的籌建，應該儘速付諸實行，並應考慮包含兩大部門：常設現代美術館及理想的美術展覽場所。

三、對剛剛蓬勃萌芽的畫壇採取保護政策，暫緩對畫家課徵賣畫所得稅。年來社會對美術表現了前所未有的關心；畫家也受到鼓舞，極力創作，政府若於此時課稅，將扼殺美術發展的生機。

四、每年利用政府或民間基金會對畫家的獎掖活動，挑選其最佳作品典藏，做為以後頭評審之參考，並為社會教育保存所需的水準上之優秀作品。

五、各階段的美術教育課程，應顧及實際需要，延聘專家擬定。

這一份建言，在當時可以說是言人所未言的「一九七八年美術教育的白皮書」，後來，他的願望部分實現，但並未完全落實。

從教育崗位退休後，李梅樹膺任油畫協會（一九七四年）和中國美術協會（一九七七年）兩大美術民間團體的理事長，繼續推動他的理念。

鄉梓修廟　民間殿堂

李梅樹最膽炙人口的另一項成就是起廟（建廟）。他在四十六歲（一九四七年）那年，被鄉人推舉爲長福巖重修負責人，即擔當起這項重責大任，嘔心瀝血，一直到他過世，工程才完成了泰半。

三峽祖師廟原名長福巖，初建於一七六九年，僅是一座簡單小廟，迨至一八三三年（道光十三年）被地震所毀，鄉民募款重建，才較具規模。一八九五

年，日軍入台，三角湧鄉民本著「祖師公精神」守土拒倭，揭竿鏖戰，造成日軍嚴重傷亡。日軍增援後，殲滅義民，並挾恨火燒長福巖，幸好神像被信徒搶先移至近郊蘇姓公厝（現溪南里），得以安然無恙。一八九九年（光緒二十五年），地方人士再募捐重建，祖師公復返原址。

戰爭期間，三峽街民被日本殖民政府徵調海外作戰近兩千

學習「純美術」的李梅樹，也用工字尺等「製圖」工具，畫設計圖，為著祖師廟的重建，他不得不委屈了自己的「本行」。其實對藝術的執著，才是他的人生目的。

人；他們離開故鄉時，隨身攜帶祖師公廟的香火（香包）保平安，終戰後，個個無恙返台，他們認爲是祖師公庇佑，於是創議重修廟宇。

地方耆宿陳炳俊、劉鉅篆、李梅樹等人也鑒於廟宇年久失修，斑駁殘破，因而發起重建，獲得共識，即推舉李梅樹爲重修委員會負責人，後改爲重建委員會主任委員。

一九四七年七月二日，長福

畫作是「移動」的藝術品，而廟宇是「固定」的藝術品；李梅樹修廟，不僅是宗教上的意義，也是為著希望有座民間殿堂，久久長長矗立在家鄉三峽，成為地標。

嚴整建重修開始興工，李梅樹負責全部的規劃與設計，他估算各項細作業後，提出了預定費時二十三年，進行祖師公廟翻新的工程。

一九七〇年，初期工程整建完竣，一九七一年舉行「慶成建醮」之盛大祭典。然而，李梅樹仍認為，要達成「東方宗教的藝術殿堂」，仍有一段距離，對此「未完成的作品」，他以藝術家的期許，用慢工出細活的理念，仍留住多數工匠，繼續細雕慢琢，竟窮其三十六年心力，仍然沒有完成他理想中的祖師公廟。壯志未酬，殊為可惜！

祖師廟有建築美、工藝美……，李梅樹不僅招募工匠修建，也邀請畫友、學生投入，難怪一磚一石、一木一瓦，無一不美。

李梅樹承擔建廟的整建工作之前，也就是代理三峽街長的時候，日本人預定在鳶山蓋一座神社，購置了一批上好木材堆積在工地，結果尚未動工，戰爭就結束了。這批所費不貲的材料，遂成宵小亟欲納入囊中的對象，李梅樹乃宣布這些木材，將來移做修建祖師廟之用，於是再也沒有人敢打歪主意了。

一九四八年，台北市政府請某營建廠拆毀位於圓山的台灣神社（今圓山飯店舊址）。這座奉祀乙未侵台近衛師團北白川宮能久親王的「神社」，石材採用日本運來的花崗岩，十分昂貴，市府卻視其爲廢棄物，李梅樹獲悉消息，以幾近免費的價格取得所有石材，運回三峽，做爲重建祖師廟之用。

祖師廟二川門的石獅，是李梅樹親手的雕刻；他的刀法，令雕刻工匠折服，而不敢說他指導修廟是「外行人領導內行人」。

一位經過嚴格西方繪畫藝術訓練、學院派出身的畫家，要領導、指示、修正來自全台各地的建築、木雕、石刻師傅，起初免不了有所衝突。這些民間師傅各有傳承脈絡、觀點和技法，在他們看來，李梅樹的要求自是不合理又不合情的。當李梅樹表示前殿的那對石獅並不理想，需要重刻時，師傅當做耳邊風，不理不睬，他只好親自動手，花了整整兩個月雕出粗坯的石獅型態，終使師傅信服，不再視李梅樹爲光說不練的「畫圖的」。

李梅樹下定決心，務必使祖師廟成爲一座民間藝術殿堂，因此自己設計建廟草圖，並要求廟中任何木雕、石刻、浮雕，無一不是一件藝術品，堅持一刀一斧、一槌一筆都要用手工完成，而且以他在台灣藝壇的交遊，邀請當代名畫家林玉山、陳進、郭雪湖、盧雲生、陳敬輝、陳慧坤、傅狷夫、陳丹誠、李秋禾、王逸雲、歐豪年……等人義務揮毫，將他們的作品經由老師傅之手，刻鐫裝飾於廟宇內外。

三峽鎭出身的詩人黃景南，也敦請台灣詩壇的作家創作聯對，由于右任、賈景德、林熊祥等名家揮毫，再雕刻於石柱、石壁上。

李梅樹將藝術創作理念移到整座寺廟的建築之餘，也不忘宗教具有「成教化，助人倫」的禮教功能，因此製作了好幾幅以歷史故事爲題材的水泥或銅製浮雕，如孔子問禮於老子、岳飛精忠報國、花木蘭代父從軍、句踐臥薪嚐膽、田單毋忘在莒等。這些工作，他特別委由國立藝專的學生製作，以期用「事上磨鍊」來達成建教合作。他還敦聘沒有學歷的老師如黃龜理等，到藝專教授雕塑科的課程；這些學徒出身的「準教授」們，只懂技法和台語，李梅樹這些做法，在當初都是創舉。

祖師廟中殿有一對「百鳥朝梅」的石柱，也是李梅樹獨特的構思；柱身是

一株盤繞而上、充滿生機的梅樹，有著百態橫生的鳥類棲於其上。當初設計這對「鳥柱」時，他要求每一隻鳥各異，才有視覺上的異趣，可是雕刻師面有難色，表示他們所熟知的台灣鳥類造型不可能湊足滿百，李梅樹給了他們世界鳥類圖鑑，解決了難題，連外國的鳥類也被雕上，李梅樹打趣說：「百鳥朝梅的寓意就是萬邦來朝。」

無疑的，在李梅樹學以致用的獨運匠心之下，祖師廟有著台灣其他廟宇所沒有的異國情調；這種將傳統藝術融合外來文化，表現在石柱的柱頭、金剛的造型等，也正是學西畫出身的他另一形式的「創造風格」吧！

「祖師廟只修建了幾十年而已，人家外國的教堂可是都經過好幾百年才完工的。」李梅樹常以這話自勵，也藉以勵人。祖師廟的民間藝匠，有的已經是師徒三代一直在工作房敲敲打打，做著「沒完沒了」的工作，他們少有怨言，除了宗教精神感召，李梅樹的執一精神感化也是原因，因爲他不但三十六年分文未取，而且幾乎一有空即到廟親自督導、鼓勵工程的進行；從教育崗位退休後，更以祖師廟爲每天「上班」的地方，因之整座廟宇的一柱一壁、一台一階，無不有他的心血。難怪他說：「我是命中註定要來蓋祖師廟的。」一直到他過世，祖師廟還未完工，但這一件「未完成的作品」，目前已經就是「文化財」了。他的犧牲精神與奉獻情操，努力爲後世樹立一個最高典範。

重藝輕利　藝壇留芳

做爲一位畫家，可能才是李梅樹的「本職」，因爲他的早年即將繪畫當成責無旁貸的學業，而且一生之中也未曾拋棄畫筆。他用過的上千枝畫筆，仍存放於紀念館讓參觀者緬懷。

做爲一位畫家，能夠堅執自己的畫風和氣質，不另立門派、不追隨時潮、不標新立異，是李梅樹在台灣美術運動史占著重要一頁的主因。他的作品取材大都是斯土斯民映象寫眞，他堅持「對象物體的個性與特點重於畫家自我個性」，也正是精研寫實風格的奧妙。

李梅樹的彩筆精確捕捉了型態、線條、明暗、色彩；作品以人物和風景居多。難能可貴的是，他的風景畫作大都是寶島的山嵐、平野、流水；他的人物畫作大都是寶島的姑娘、村夫、村婦；面對他那「平實、實在」的作品，我們會感覺這是「我們所見的」，而不是「我們所想的」畫面，視覺與他的畫接觸，即有一股鄉土風味的震撼！

年輕一代的畫家兼藝評家李欽賢有一段中肯評介李梅樹的話：

「李梅樹是不必等到鄉土尋根來發現

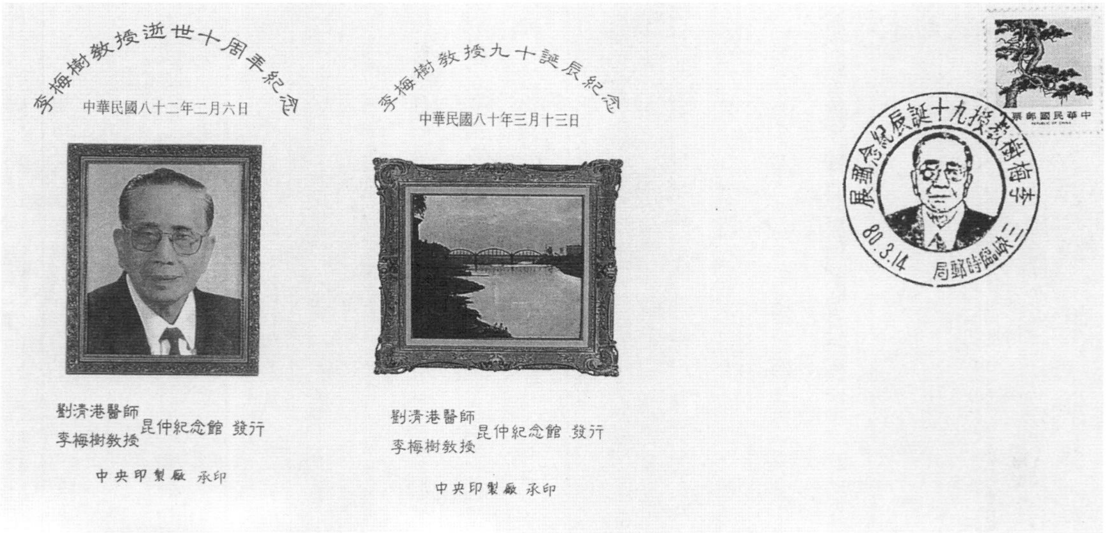

「劉清港醫師、李梅樹教授昆仲紀念館」和祖師廟是遊覽三峽一定要參觀的地方。此為一九九一年和一九九三年該館所發行的兩枚紀念信封。三峽郵局還特別鐫製「李梅樹教授九十誕辰紀念郵展」紀念戳。

他，可是他那數十年不變的寫實風格，卻也格外令新生代感到興味。是不是俗事過多，使他無暇亦無力突破保守的題材？看來不能突破是前輩藝術家普遍存在的苦悶，可是李梅樹終其一生的寫實，卻意外地保存了世俗人間的造型，說穿了他獨特的標幟，就是土里土氣的台灣人，是洋溢著幸福認命的台灣人。」

李梅樹不賣畫，他有「藝術和金錢是對立的固執觀念」（他的長子李景暘語）。一九八二年九月一日，交通部郵政總局發行一套四枚的台灣廟宇建築郵票，其實正是三峽祖師廟建築藝術郵票，所選擇的郵票圖案正是該廟最具代表性雕琢裝飾的建築構件：面值二元者爲精雕獅子斗座；面值三元者爲斗拱結網；面值五元者爲員光雕飾；面值十八元者爲璃璃瓦屋頂。這套郵票發行後，有李梅樹之簽名，必定身價千倍，但他只爲他的每一位子女、孫兒各簽一次名，而且還是指名的，他認爲不應該爲任何東西製造日後增值的機會。當然，他的畫作在今日的飆漲，也不是他所願想意期的。

一九八二年年底起，國立歷史博物館特地爲他舉行「八十年回顧展」，並出版《李梅樹畫集》。

一九八三年二月六日，這位爲鄉梓留下畫像的油畫家終告辭世，享年八十一歲又兩天。

他的後代爲追思先人遺澤，於一九九〇年三月十一日在家鄉台北縣三峽鎮創設「劉清港醫師、李梅樹教授昆仲紀念館」，珍藏著這對兄弟所遺留的證書、手稿、用具，以及而今每幅都是「國寶級」的李梅樹作品，並定期以【婦女之美】【自然之美——花之系列】【動物系列】【人體之美】【鄉土之美】【三峽祖師廟之美】等專題，做系列公開展出，爲當時看不到原跡的後世來者，珍藏流傳。

李梅樹年表

年份	年齡	事蹟
1902	01歲	三月十三日出生於三角湧（三峽）。
1910	09歲	就讀三峽公學校。
1915	14歲	直升三峽公學校農業實驗科。
1918	17歲	考取台灣總督府國語學校（翌年更名「台北師範學校」）。
1922	21歲	台北師範學校畢業，任教瑞芳公學校。
1923	22歲	參加石川欽一郎在母校「北師」的暑期美術講習會。
1924	23歲	父喪。申請調回家鄉三峽任教。
1927	26歲	〈靜物〉入選第一屆台灣美術展覽會。
1928	27歲	〈三峽後街〉入選第二屆「台展」。赴日準備投考美術學校。
1929	28歲	考取東京美術學校。
1933	32歲	〈自畫像〉獲得第七回台灣美術展覽會特選獎。
1934	33歲	東京美術學校畢業。返台和畫友組織「台陽美術協會」。〈切蕃薯之女〉入選第八回台展；由台北市役所購藏。

年份	年齡	事蹟
1935	34歲	〈休息之女〉獲第九回台展特選第一席，榮頒台灣總督獎。當選三峽街協議會員，三年後再連任。
1936	35歲	獲「台展」改名爲「府展」的台日文化獎。
1937	36歲	〈納涼之女〉獲第十回台展特選，同時被推薦「免審查」。
1939	38歲	赴日。〈紅衣〉入選「帝展」改名的「新文展」。
1940	39歲	〈花與女〉入選「紀元二千六百年奉祝展」。
1942	41歲	擔任三峽街茶葉組合長。
1945	44歲	擔任三峽街代理街長。
1946	45歲	擔任三峽鎮民代表會主席。
1947	46歲	擔任長福巖（祖師公廟）重修負責人。
1948	47歲	擔任三峽農會理事長，兼合作社理事主席。
1950	49歲	當選台北縣第一屆縣議員，後於一九五二年、一九五五年連任第二、三屆縣議員。
1959	58歲	舉行第一次個展，地點在台北市中山堂。
1962	61歲	擔任中國文化學院研究所教授。
1964	63歲	擔任中國文化學院大學部教授。七月擔任國立台灣藝術專科學校美術科主任。

年份	年齡	事蹟
1967	66歲	國立藝專美術科雕塑組，經他爭取後獨立成爲雕塑科。
1967	70歲	榮膺好人好事代表。
1972	71歲	轉任國立藝專雕塑科主任。
1973	72歲	自國立藝術呈請退休。
1975	74歲	擔任台北師範大學美術系教授。
1976	75歲	擔任中華民國油畫學會理事長。
1977	76歲	擔任中國美術協會理事長。
1978	77歲	受邀出席國建會，提出台灣美術教育建言。
1982	81歲	郵政總局發行以三峽祖師廟爲圖案的「台灣廟宇建築郵票」。在國立歷史博物館舉行，《李梅樹畫集》出版。
1983	82歲	二月六日逝世。

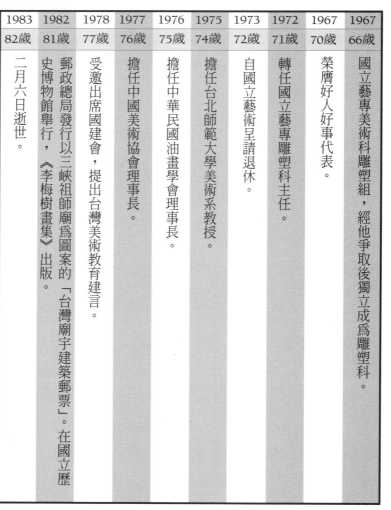

第一位台灣女畫家

陳進

（1907～1998）

【語錄】

●「天賦和耐力都能把握的人，任何一條路都會走得好。」

【評價】

●「在她的作品裡，堅毅的這一面總是躲藏在繪畫的裏層，卻讓柔順的另一面去扮演正面的角色。……她的畫面充滿著優雅、溫順、美好和完滿，那都是少女所最嚮往的對未來的夢。」——謝里法

新竹香山的「查某囝仔」，北上「省都」，就讀台北第三高女（今中山女高），陳進選擇「彩色世界」，肇於她進入了這所台灣女子所嚮往的名校。

富家女兒　彩繪人生

日治時代的台灣美術史如果缺少了陳進，在澎湃洶湧的「台灣新美術運動」之中，女性的成績留白的空間將更多。陳進是台灣第一位女畫家，也是少數閨秀畫家繪畫生命最長久的一位。

陳進於一九〇七年（民前五年）十一月二日出生於新竹香山庄牛埔一個富裕的家庭，父親陳雲如曾任香山區區長，是一位在山坡地墾植和近海養殖事業有成的企業家。陳進的小學教育是在他父親所捐出的「靜山居」別墅改設的「香山公學校」完成。陳雲如雖然涉足商政，卻有著書卷氣息，好收藏字畫，對「第三個查某子」陳進蕙質蘭心的大家閨秀性格，不無影響。陳進小學畢業後，即從封閉的鄉間到台北升學，考入台北第三高等女子學校（即今中山女高）。高女求學期間，她的各科成績相當優異，所以也不自覺對美術有較特別的天賦，因此更沒有因她的畫經常受師長們的嘉許，而選擇以畫家做爲終身志願。一直到畢業前夕，她的美術老師鄉原古統才懇切告訴她，應該走上繪畫這條路，而且建議她到東京深造，才能出人頭地。鄉原古統爲了促成陳進研習繪畫，請校長田川辰一打電報給她的父親，一起支持女兒赴日深造。陳雲

「台灣第一位女畫家」陳進，她的蕙質蘭心以及對藝術執著的毅力，呈現在彩繪上，為台灣新美術運動史添增更燦麗的篇章。

●富家女成為台灣第一位閨秀畫家，她必然知道會有所捨棄，然而陳進也明白只要握住畫筆，她的人生永遠是「彩色」的！留下此倩影的她，時年二十五歲。

如被古統老師說動，表示願意支持，並贊同女兒立即整裝出發，因此陳進也沒有返鄉，就直接負笈日本了。離台當天，第三高女師生還舉行盛會歡送這位十九歲的「台灣第一位赴日研習美術的女子」。

「當時一心追求藝術，藝術是我的生命，其他結婚這些事，我都沒有放在心上。」時尚早婚的那個年代，一個閨秀有如此堅強意志，無疑的，她已有擺脫女性宿命的意念了。

留學東瀛　揚名故鄉

一九二五年，陳進順利考入東京女子美術學校（戰後改制為「東京女子美

術大學」）東洋畫部高等師範科。她在結城素明指導下，紮實了寫生基礎，又跟隨日本名山水畫家松林桂月及仕女畫家伊東深水研習，藝能大進。好勝心驅策下，她與日籍同學每學期舉行創作比賽，她的成績總是第一名，使日籍同學們對這位台灣女子刮目相看。

陳進留日的第三年（一九二七年），才又有新竹街女生北門李妍和南門蔡品考進東京美術學校。而她在那年即以〈姿〉（穿著和服的仕女半身像）、〈罌粟〉〈朝〉（此二幅均爲花卉）參加第一屆台灣美術展覽會，並獲入選，而引起一場「東洋畫三少年」事件。台灣美術展覽會是台灣教育會仿效東京帝國美術院的帝國美術院展覽會而設立。首屆「台展」，參選的東洋畫作品達二百一十七件，審查結果入選了三十三件，加上免審查四件，評審員作品三件，展出的是二十八位畫家的四十件作品，而台籍畫家僅有三人六件入選，和陳進一同入選的是東洋畫部的台籍畫家林英貴（林玉山）和郭雪湖，其餘全爲日本人。由於當年以「足歲」數年，陳進只有二十歲，林玉山和郭雪湖也分別爲二十歲及十九歲，而被一致看好的參選老畫家們，卻全被屏棄門外，輿論爲之譁然，對「東洋畫三少年」一致撻伐。這位遠在東瀛的女學生在入選六件的台籍東洋畫作品中，獨占了半數（另林玉山二件，郭雪湖一件），陳進就此乳燕初啼，一鳴驚人，揚名全台。

第二、三、四屆台灣美術展覽會，陳進參展作品〈野分〉（一九二八年）、〈秋聲〉（一九二九年）和〈若日〉（某天）、〈其頃〉（當時）（一九三〇年）都獲得特選和免審查；因此，第六屆起，她即被邀請擔任台展審查委員，和她同時享有這項殊榮的台籍畫家是西洋畫部的廖繼春。

南海才女　登名帝展

一九二九年（民國十八年），陳進從東京女子美術學校畢業。她再師事美人畫家鏑木清方的弟子山川秀峰（一八九八～一九四四），藝能大進。一九三四年（民國二十三年），二十七歲的她以〈合奏〉入選第十五屆日本帝國美術院展覽會，成爲台灣第一位入選「日本帝展」的女畫家，日本輿論以「南海的女天才」譽之。〈合奏〉高有六尺五寸，寬七尺，是一幅兩折式的屛風作品，婉麗細緻、秀逸清雅，頗能表達當時台灣民俗的佳構；兩位奏樂的女子，一人吹笛，一人彈奏月琴，人物的造形、髮式、飾物、衣著，乃

一九三二年十月，台展審查委員在台北教育會館（今美國文化中心）留影。陳進（後排右一）是「萬綠欉中一點紅」，前排座者從右起藤島武二、幣原坦（台北帝國大學校長）、結城素明。後排左起：小澤秋城、廖繼春、木下靜涯、鄉原古統、鹽月桃甫。

一九三四年完成的＜合奏＞為二〇〇公分×一七七公分巨作，一人吹笛，一人彈月琴，栩栩如生，此畫入選日本文部省舉辦的第十五屆帝展，為陳進最為人所熟悉的代表作。

至設景、擺飾無一不是「鄉土風俗」的寫照。陳進曾一度返鄉，任教於高雄州立屏東高等女子學校，然而爲了使自己的藝能更爲精進，一九三七年辭卸教職，再度赴日。

陳進再接再厲，活躍在日本畫壇，共入選了八屆的「帝展」。一九四六年

陳進（後排左二）與屏東高等女學校的同事合影，她是該校第一位台籍女老師；也是台灣第一位任教高等學校的女教師。

（民國三十五年），她放棄了即將獲得帝展審查委員的榮譽，回到故鄉。這時她已經三十九歲了，仍然小姑獨處。二十年來，她在日本將全部精神完全投注於繪畫，她心目中的白馬王子就是繪畫，對藝術的熱愛幾乎延誤了她的青春。本來「第三高女」畢業的文憑，在鄉人的心目中，就是豐盛的「嫁粧」，何況她還是留日的女畫家。

四十下嫁　不棄畫筆

一九四六年，四十歲那年，她終於找到了終身伴侶，和蕭振瓊先生步入結婚禮堂。

陳進中年穿著和服的照片。她曾表示最喜歡這一幀照片，雍容華貴的氣質，是現在她的眉宇之間。

台北縣農會理事長蕭振瓊，喪偶鰥居，並育有四子二女，他心儀陳進的「人與畫」，央人說親。當時蕭振瓊的長子寄了一封信，感動了陳進的心：「……家父一人要照顧六子，忙裏忙外，十分的辛苦。」毅然下嫁，做人「後妻繼母」。

四十四歲那年，陳進生了第一個男孩。這位高齡產婦不得不暫時放棄畫筆，擔負母職，使她個人在繪畫史上留下了幾年空白。沈寂了這麼多年，並不表示她的藝術生命已經落幕了。一九五五年（民

一九五八年五月，陳進在台北市中山堂舉行第一次個展，轟動遐邇，這是她在會場上留影。畫作下紙條，表示已有多人希望定購此作品。

國四十四年），她重拾畫筆，以一幅描繪坐在「紅眠床」的新娘子、題爲〈洞房〉的作品，入選了日本文展，她毅然地再走入了台灣美術史！

一九五八年（民國四十七年）五月，五十二歲的陳進在台北中山堂舉行第一次個展，展出作品有六十二件之多。這是台灣女畫家的首次個展，轟動遐

一九九五年，她以「紅眠床」前手執摺扇坐在床緣的新娘為題，完成此幅題名「洞房」的作品。

邇。她更於一九六二年（民國五十一年）六月二十日自費發行台灣第一本女畫家的畫冊《陳進畫譜》，收集了〈花〉〈逍遙〉兩幅彩色印刷作品，以及〈杏花春〉等五十六幅黑白印刷作品，加以三幅個展的圖片，以非賣品問世。

從家庭再回畫室，雖然使她重振聲譽，但也因盛名之累，使她積欠了大筆畫債。爲了償債，她夜以繼日地畫，拖跨了她的身體，終至臥倒病榻數年，不得不暫時擱置畫筆。五十八歲那年，台北市光復北路法光寺的師父來到她的病榻前，希望她能畫幾幅佛陀釋迦牟尼行誼

● 陳進和家人在其第一次個展的會場留影。此年，她五十二歲，結婚十二年，而八年前，她才做了母親，因之她十分重視此展覽。

圖，陳進沒有因健康不佳而推辭，竟欣然接受了這項工作，三年內完成了十一幅釋迦傳。十分神奇地，她的健康也因接近佛緣而康復了起來。從此她對繪畫的態度也漸漸「從苦心鑽研，轉化為怡情養性」，每年以一兩件新作參加省展及台陽展的展出。

閨秀畫家永垂鄉土

一九八六年，陳進應台北市美術館的邀請，舉行「陳進八十回顧展」，展出八十件作品，這是她的第二次個展。

一九九二年，藝術家出版社推出《台灣美術全集》第二卷即是陳進的專集，該集以「人世美的記錄者」

陳進在一九六五年至六七年以三年時間完成＜釋迦行誼圖＞系列作品，係接受台忠法光寺如樂法師所委託的「宗教畫作」，由該寺珍藏。

來尊稱她，可謂實至名歸。

「陳進的繪畫世界——九十回顧展」，於一九九六年二月十五日至三月二十六日在國立歷史博物館展出，一〇八幅的膠彩畫和素描，在阿嬤心中的感觸是：「這些都不算是代表作，卻很有紀念性。」耄耋的她，雖臨暮年，還是以「每創作一幅作品，都當做是最後的紀念」不停地認眞創作。

一九九六年，陳進獲得行政院文化獎，她不僅將獎金六十萬捐出，還另拿出了四十萬，委託國立歷史博物館設立「陳進藝術文化獎」，獎勵膠彩畫創作者。

一九七六年，陳進為母親畫下此作，這幅膠彩51×45公分，陳進事母至孝，因此捕捉慈母神韻，並非難事。

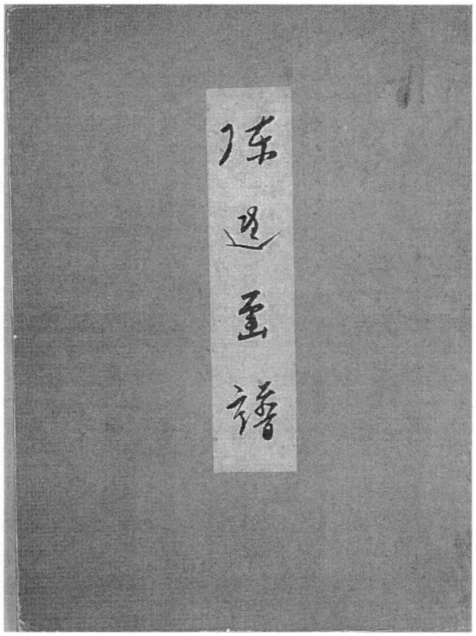

陳進的第一本畫集—＜陳進畫譜＞，收錄五十六幅作品，於一九六二年六月二十日出版，是台灣第一本女畫家的畫冊。

一九九八年三月二十七日，患有狹心症的她，因兩天前開刀後引發多重器官衰竭而過世，享年九十二歲。「台展三少年」的唯一女生，成了最早「辭行」的一位。一九九六年底至一九九七年初，她和林玉山、郭雪湖連袂舉「台展三少年九十歲特展」，藝壇人士還期待三人能在九十五歲時，再一起舉辦一場盛大的展覽會呢。

陳進在一九二〇年代，身處一個保守、封建、歧視女性的傳統環境，而能以弱女子的身分，毅然投效當時剛剛風起雲湧的台灣畫壇，用她所學習的東洋繪畫技法，在台灣新美術史繪下了燦麗的一章，實在難能可貴，我們豈能苛責她的畫風只有傳統的餘韻。況且我們在陳進的美術創作裡，欣賞的何止是線條優美、運筆細膩、色彩璀璨、情調玄妙的藝術作品，不少像〈合奏〉〈桑之寶〉〈化妝〉〈含笑花〉〈庭奏〉〈芝蘭之香〉等等作品所蘊含的鄉土風情，更是知性與感性的藝術結晶，充分表現了她在每一幅作品中，追求藝術的敬業與執著的精神。

陳進軼事

●女人欣賞女人

喜歡以「美女」入畫的陳進，以女人心觀察女人身。她常說：「查某囝仔（女孩子）本來就應該穿婧（美）衫、摸（搽）胭脂，裝乎婧噹噹（漂漂亮亮）。」

年輕時，陳進在街上看到美麗小姐，容易怦然心動，常會一路尾隨，非要把這位「婧查某」的一顰一笑、一舉一動觀察得一清二楚，否則絕不甘心。

陳進年表

年份	年齡	事蹟
1907	01歲	十一月二日出生於新竹香山庄。
1925	19歲	四月畢業於台北第三高等女子學校。赴日考入東京女子美術學校日本畫師範科。
1927	21歲	以〈姿〉和〈罌粟〉〈朝〉入選首屆台灣美術展覽會。她和郭雪湖、林玉山三位新秀被稱「台展三少年」。
1928	22歲	〈野分〉〈蜜柑〉入選第二屆台灣美術展覽會，〈野分〉獲特選。
1929	23歲	畢業於東京女子美術學校。〈秋聲〉獲第三屆台灣美術展覽會免審查特選。
1930	24歲	〈若日〉〈其頃〉獲第四屆台灣美術展覽會特選，此後被列爲推薦級免審查。
1934	28歲	〈合奏〉入選第十五回日本帝國美術院展覽會，返台任教高雄州立屏東高等女子學校。

1936	30歲	〈化妝〉入選春季帝展。〈山地門之女〉入選文選。〈樂譜〉參加第十屆台展。
1939	33歲	〈姊妹〉參加首屆青衿會展。
1946	40歲	與蕭振瓊結婚。
1950	44歲	獨子蕭成家誕生。
1955	49歲	參加中日美術親善展。〈洞房〉入選日本第十屆全國美展。
1958	52歲	第一次個展在台北中山堂舉行。
1962	56歲	《陳進畫譜》出版。
1964	58歲	接受法光寺之委託，畫釋迦行誼圖系列，工作從一九六五年至一九六七年。
1986	80歲	「陳進八十回顧展」於台北市美術館展出。
1996	90歲	「陳進的繪畫世界——九十回顧展」在國立歷史博物館展出。獲行政院文化獎。創設「陳進藝術文化獎」。
1998	92歲	三月二十七日逝世。

台灣小兒科教父

魏火曜

（1908～1995）

【語錄】

●「我學醫的目的是為了救人，就由新生命開始吧！」

●「要做良醫，不必做名醫。」

【評價】

●「他在戰後建立台灣小兒科的基礎，更重要的是，他還是台灣醫學教育從德日體系轉型為美式體系的關鍵性人物。」——莊永明《台灣醫療史》

英國維多利亞風格的台大醫院。魏火曜在終戰後即在此上班，他先後擔任台大醫院院長、台大醫學院院長，台灣小兒科在他「撫育」下，快速成長。

一九〇六年，台北病院（今台大醫院）始設「小兒科」，是由內科部獨立出來的科別。日治時代，新生兒是由婦產科負責；一九五二年，魏火曜在台大醫院做了革新，原則上新生兒剪了臍帶以後，就交給小兒科照顧；這個新制度比日本早實施幾年。魏火曜對小兒科是由新生兒出生即開始照顧的觀念，以及他初掌台大醫院小兒科主任後，即首開每週兩次的兒童健康門診，使這位一生以「醫園老園丁」自居的他，被稱爲「台灣小兒科教父」。

赴日習醫　致力兒科

魏火曜出生於一九〇八年十一月二十九日，是新竹詩人魏清德的長子。其父因受聘爲《台灣日日新報》漢文版主筆，而北上就職。魏火曜七歲時舉家遷居台北市萬華，原先就讀艋舺公學校（今老松國小），四年級轉學到原爲日本學童就讀的南門小學校。

魏火曜在台灣完成台北高等學校學業預科，於一九二九年三月在該校第二屆理乙科畢業。一九三〇年赴日報考東京帝國大學醫科；第一次投考落榜，翌年終於如願以償。魏火曜原來想學工科，但那時學工註定沒有出路，選擇學醫是源自父親的鼓勵。他回憶說：「它（學醫）是一門實實在在的技術，對於家庭環境清苦的我們，有一技在身，不但可以爲病患診治服務，並可以改善家

●「台灣小兒科教父」魏火曜。如果說他是名醫、良醫，不如以「教育家」來為其定位，台灣醫學教育，魏火曜有舉足輕重的地位。

庭經濟。」決定研究小兒科，乃是「考慮現實問題，對經濟不富裕的我，開業較爲方便。」魏火曜在父親省吃儉用下得以專心努力學業，那時「貧寒學生不是入贅，就是做有錢人的養子」來謀取學費。

一九三四年，魏火曜取得醫學士學位，先在母校醫學部附屬醫院小兒科擔任近五年的副

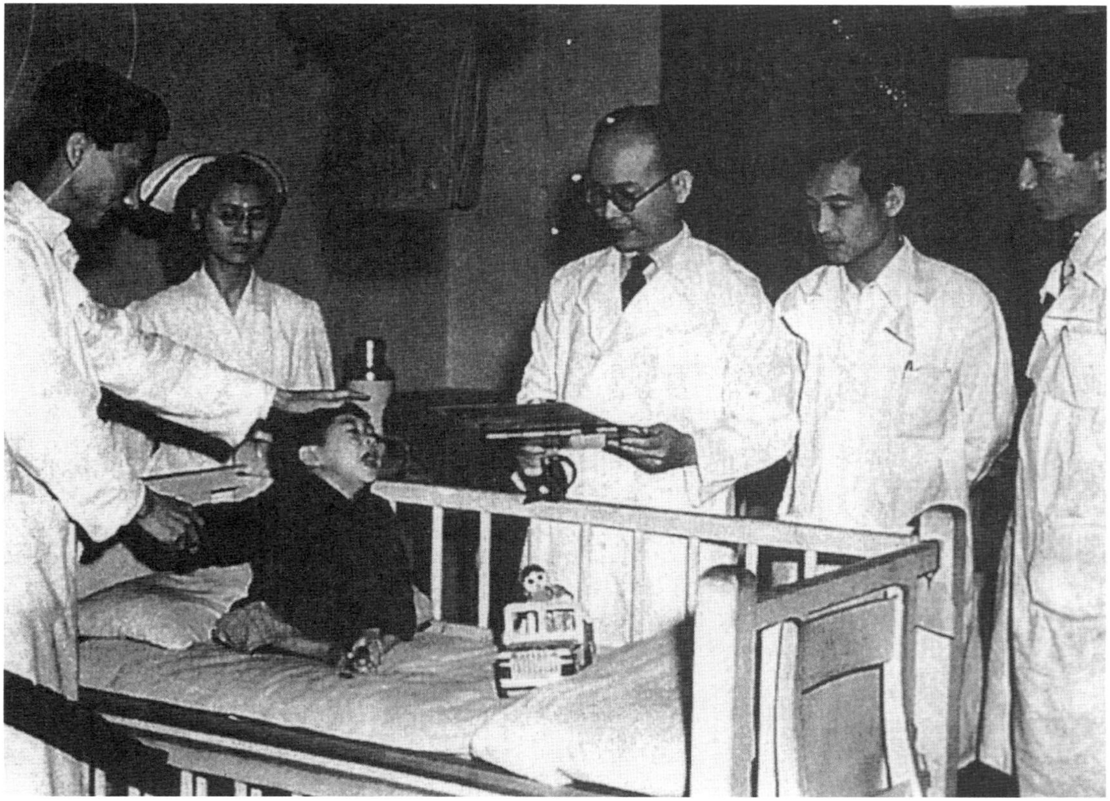

魏火曜巡視小兒科病房。日治時代「青黃不接」的小兒科，經他的調整、整頓，開始有了制度化基石，更重要的是小兒科因此從婦產科「脫胎」而出。

終戰後，因醫師不足，有些日籍教授被台大醫院留住，台北帝大附屬醫院末代院長河石九二夫服務至一九四九年，魏火曜（前排坐者右三）主持其返日的送別會。

手。一九三九年，返回家鄉，先後擔任台北帝國大學醫學專門部小兒科講師，以及赤十字社台灣支部病院小兒科醫長。一九四二年，被派往大陸的博愛會廈門病院，任小兒科醫長。

一九四六年二月，三十九歲的魏火曜回到台灣，即獲台灣大學醫學院院長杜聰明聘請擔任醫學院小兒科教授，並兼任台大第二附屬醫院小兒科主任。面臨戰爭災難後，學校與醫院百廢待舉，魏火曜和同事發揮克難精神，漸次建立台灣小兒科的基礎。

擔任院長　改革教學

一九四七年，發生二二八事件；事後，醫院的日籍教授紛紛返日，魏火曜則被指派兼任第一附屬醫院小兒科主任；一九四八年七月被推舉爲台大醫院院長，是戰後第三任院長。

初任院長期間，從大陸撤退來台的軍人生病，都被送到台大醫院，有一段時間還安置海南島送來的傷兵，魏火曜說：「台大醫院後面一棟病房，成了台灣第一個榮民醫院。」更甚者，來台的立委、監委、國大代表找不到落腳處，全家住進頭等病房不走；遭受無理病患恐嚇、槍械威脅層出不窮。在如此艱困的環境下，幸好傅斯年校長始終支持他進行重建和改革。

一九五三年八月，魏火曜赴美國考察，在俄亥俄州的辛辛那提參觀一所小兒科研究所時，忽然接到錢思亮校長的越洋電話，希望他即刻束裝回台，擔任醫學院院長新職。他在中央研究院近代史研究所做的口述歷史訪問說：

「錢思亮校長要我當醫學院院長是有原因的，那時美援會和台大當局希望改革台

大日本式醫學教學，但杜（聰明）院長和一批年輕醫師不願意改，所以無法讓他繼續當院長。」

一九五三年十一月一日，魏火曜接掌台大醫學院院長，他可以說是台灣醫學教育從德日體系轉型爲美式體系的關鍵人物。

傳統的德日式醫學教育制度，以「教授爲尊」，教學演講多在大禮堂、大教室舉行，以示莊嚴。魏火曜對此有如此批評：「老師講完就走，學生也不準備來討論。」相反的，美式教學是「小組教學多注重討論，學生可隨時發問。」日本教學以「講座教授」爲主，一科僅設一位教授，而美式教學卻是一科有多名教授，這是日、美教學制度的主要差異。魏火曜推動美式教學，初有反彈，但在美國支援下，醫院各科系主任赴美進修，見識了美式教學的實際成果，也不再排斥新制了。

四十六歲的魏火曜也知道從前學習的德文派不上用場了，開始勤學英文，不僅接待外賓毫無問題，後來到美國研習也駕輕就熟。

發展兒科　照顧孩童

魏火曜初掌台大醫院小兒科主任不久，即首開每週兩次的兒童健康門診，並奠定了戰後台灣小兒科的發展規模。

一九六〇年四月，魏火曜聯合醫界同仁創立中華民國小兒科醫學會，被推舉爲第一屆理事長。這個學會是台灣第一個醫學專科學會；隔年獲準參加「國際小兒科醫學會」。

五〇年代，台灣小兒痲痺症肆虐，每年平均有上千名幼兒因此喪命，更不

● 台灣大學附設醫院首屆住院醫師在台大醫院前合影。那個年代住院醫師任勞任怨的精神，和今天的值班醫師工作室是不能同日而語的。前排左五為魏火曜。

知有多少小孩僥倖撿回性命卻終身殘障；他們都得不到充分的醫療照顧和復健指導，無助地背負殘疾，與生命搏鬥。魏火曜以小兒科醫學會理事長身分奔走呼籲，希望當局重視小兒痲痺症對國人的嚴重威脅，並力薦進口沙克疫苗，進行預防接種，以杜絕此惡疾；因此有一九六五年一月二十四日，台灣省政府宣布三歲以下兒童免費接種沙克疫苗的措施。

一九七一年財團法人中華民國心臟病兒童基金會，和一九八三年財團法人中華民國兒童癌症基金會創立時，魏火曜都擔任董事長，爲謀求兒童就醫的權益努力。

魏火曜在六十歲那年，決定以自己的名字成立財團法人魏火曜小兒科研究基金會，以紀念自己還曆；該會在一九七四年成立。

做爲一個小兒科醫生，魏火曜認爲最大的優點是「不會老」，因爲他每天相處的都是稚眞的孩子，雖然他們有病痛，但是病癒後，綻開的天眞笑容，就是他的成績。許多獲得博士學位的晚輩告訴他，童年時曾是他的病人。他每每爲著這句話興奮不已，自覺沒有選錯行！

盡力盡心　奉獻教育

魏火曜擔任台大醫院第三任院長五年，而擔任台大醫學院院長長達十九年，直到一九七二年才卸任。

長年從事醫學教育行政，想不到卸下職務才二個月，閻振興校長竟請他擔任台灣大學教務長，掌理全校六個學院。對於這份新工作，魏火曜自認是「廢物利用」，因爲他在醫務行政上「累積了一些經驗」。

從一九七二年到一九七九年呈請退休，他任台大教務長七年期間，曾於一

一九五六年，魏火曜夫婦（後排左三、四）參加妹妹魏淑順的婚禮；新娘是台大醫院婦產科主任歐陽培銓。後排左一、二為魏火曜之弟魏炳炎，他也擔任過台大醫院院長。

九六六年到一九六七年向台大請假，擔任私立高雄醫學院院長，此乃當時高雄醫學院校方與「資方」發生糾紛，一九六六年九月，教育部介入協調，魏火曜奉命南下整頓，將校務納入正軌後即交棒北返回復原職。

一位醫師，卻要去承擔繁重的行政工作，有人問他是不是有特殊的行政長才。他只是淡淡的回答：「不是我有行政能力，我想是因爲我的人緣很不錯吧。」

一九六八年，他以對台灣臨床與學術研究的成就和貢獻，當選中央研究院院士。

醫學倫理　誓爲良醫

一九五九年，在美國芝加哥召開的世界醫學教育會議第二屆會議的主題——「醫學需要終身的學習」，令他在日後寫下了〈也談醫師的再教育〉一文，提出了以下的意見：

（一）行醫的人必須跟上醫學進步的腳步。

（二）開業要緊，受新的訓練更要緊。

（三）醫師勤進修，國民健康才有保障。

（四）當務之急是鄉村醫師的再教育。

他還剴切指出：「醫學的進步與其他科學一樣，日新月異，醫師必須跟著醫學的進步前進，不然就落伍而不能給夠水準的服務。」

他常說的一句話是：「要做良醫，不必做名醫。」他解釋：「名醫和良醫有很大不同，良醫是憑良心在從事醫療工作，名醫則不然，只要會出鋒頭、搞宣傳，比良醫容易做得多。」也因此他不厭其煩的強調醫學倫理，認爲一位良醫是「默默地在關心病人，使病人保持一個健康的身體」。

魏火曜夫人顏碧霞是名門之後，日本女子大學畢業，父親是礦業鉅子顏國年。顏碧霞雖爲院長夫人，且是第六任院長魏炳炎的嫂嫂，她卻早在一九四八年即開始到台大醫院擔任義工，爲病人摺毛巾，疊衣服，五十年如一日，如此奉獻，何異於良醫的貢獻。

魏火曜從教職退休後，對台灣的關心不曾一日或減，他曾在一篇文章「省思」所謂的「台灣經驗」提到：

『台灣經驗』固然有驕傲的一面，但以現在的成就內容而言，是不是理想的經驗呢？我覺得文化層面的進步還是很少，文化水準高的國家，其人民在公共場合，經常是很紳士的，如宴會席上很安靜，優雅，反觀中國人呢？我們在首屈一指大醫院內的公共電話的講話，聲音之高，與我最近到歐洲萊茵河坐船遊覽，在船上聽到一群台灣遊客旁若無人的大聲叫談，一樣令人搖頭不已。

三動三空　見證醫史

做爲醫師、學者的魏火曜，如果要找他的缺點，就是他的菸癮極大。早年他手不離菸斗，而且還有一天三包菸的紀錄，直到七十歲才戒除此不良嗜好。搜集石頭和繪畫則是他的另類消遣，不過他雅好的石頭並不是奇石、名石，而是他俯拾撿得、不花一分錢的東西。

「我還不到九十歲，算不上長壽。」晚年，魏火曜談笑間從不忘對自己的

「老康健」流露自信；這和他的「三動」有關，即動腦、活動和運動。他喜歡旅遊，酷愛繪畫，加以老友、老伴、老本俱全，魏火曜更以豁達的心情積極投入社會服務，擔任的職位有台灣紅十字會副會長、行政院國家科學委員會委員、行政院衛生署衛生諮詢委員會主任委員、教育部醫學教育委員會主任委員、中央選舉委員會委員、財團法人國際醫學科學研究基金會董事、自由基金會董事長、中華血液基金會董事長等十餘個無給職義工。每會必到的精神，表

魏火曜的油畫像，這幅畫作收藏於台大醫院院史室。歷任院長都有名家之作留存院方，見證歷史。

示他決不掛虛名。

「在醫院待久了，人的感覺就很麻木，對世事自然也就看透了；人必自知生命是有限的，總是要死的。」晚年，魏火曜常常提出他的「三空人生哲學」：「第一是房子空，換句話說，住家要簡單，不講求物質生活，錢多有什麼用，夠用就好了。第二是頭腦要空，就是慾望不要太高，凡事不強求。第三是肚子要空，不要吃太飽，八分飽就好了。」

一九九五年二月六日，魏火曜因癌症逝世，享年八十八歲。

「近半世紀以來，魏火曜，這個名字一直是台灣醫學的重要指標，他不僅見證了台灣醫學發展從蓽路藍縷到繁榮的過程，也由於他全力的投入，及無私的付出和堅持，使得國內醫學教育從萌芽到茁壯，由殖民過渡到本土化，奠定了基礎醫學的根基，確立了臨床制度的完整，並一手推動醫療相關公益事業。」

這段治喪委員會的誄文，可以說是魏火曜在台灣醫學奉獻的墓誌銘，然而他在德行上的有為有守，則烙印於台灣人的心中。

魏火曜軼事

●副總統與小兒科醫師

魏火曜和前副總統謝東閔是同年。

當年台北高等學校（今國立台北師大）入學考試，魏火曜考取預科，而謝東閔未能上榜。

謝副總統並不避此不愉快的往事，而且常公開提起。魏火曜對他說：「你很幸運，沒有考上，才會當上副總統；我上榜了，才當個小兒科醫師。」

婦產科與小兒科

魏火曜、魏炳炎昆仲都是台北高等學校畢業生。魏火曜是第二屆理乙科，魏炳炎是第六屆理甲科。兩人後來都留日習醫，同爲日本東京帝國大學醫學部畢業。

大哥魏火曜專攻小兒科，而小弟魏炳炎則專研婦產科；因此有人開玩笑說：弟弟照顧產婦，哥哥關懷新生兒，母子或母女兩代就交由他們兄弟去「操心」好了。

魏火曜擔任台大醫院第三任院長；而魏炳炎則出任台大醫院第六任院長，昆仲的前後院長之職，杏林傳爲佳話。

魏火曜年表

年份	年齡	事蹟
1908	01歲	十一月二十九日出生於新竹。
1914	07歲	就讀艋舺公學校（今老松國小），四年級轉南門小學校。
1929	22歲	台北高等學校第二屆理乙科畢業。
1931	24歲	考取東京帝國大學醫科。
1934	27歲	獲東京帝大醫科醫學士學位。擔任母校醫學部附屬醫院小兒科副手。
1939	32歲	返台，擔任台北帝國大學醫學專門部小兒科講師，兼赤十字社台灣支部病院小兒科醫長。
1942	35歲	前往大陸擔任廈門病院小兒科醫長。
1946	39歲	返台，擔任台灣大學醫學院小兒科教授，兼任台大第二附屬醫院小兒科主任。
1947	40歲	二二八事件發生。兼任台大醫院第一附屬醫院小兒科主任。
1948	41歲	七月，擔任台大醫院院長。
1953	46歲	赴美國俄亥俄州辛辛那提參觀小兒科研究所。擔任國立台灣大學醫學院院長。

年份	年齡	事蹟
1960	53歲	創立中華民國小兒科醫學會，被選爲第一屆理事長，翌年本會參加「國際小兒科醫學會」。
1965	58歲	他積極呼籲下，元月二十四日，台灣省政府宣布三歲以下兒童免費接種沙克疫苗。
1966	59歲	擔任私立高雄醫學院院長，爲期一年。
1968	61歲	當選中央研究院院士。
1971	64歲	擔任財團法人中華民國心臟病兒童基金會董事長。
1972	65歲	擔任國立台灣大學教務長。
1974	67歲	財團法人魏火曜小兒科研究基金會成立。
1979	75歲	呈請退休。
1983	76歲	擔任財團法人中華民國兒童癌症基金會董事長。
1995	88歲	二月六日病逝，享年八十八歲。

法界元老

戴炎輝

（1909～1992）

【語錄】

●「一個標準的學者，應該具備兩個條件，其一是對學問要有熱情，自能努力不懈；其二是對自己要有信心，自然不會輕言放棄。我想，不單是研究學問，做任何事情，能把握這兩大條件，必然也都能勝任愉快！」

戴炎輝來自「台灣尾」屏東，古稱「阿猴」屏東，市況不見繁盛，出此「院長級」人物，地方人士有與榮焉。

努力向學　研讀法制

戴炎輝，台灣省屏東縣里港人，生於一九〇九年十一月二十八日。父親戴鳳倚在日治時代是地方名望之士，曾擔任保正，但他堅持子女不能忘本，都讓他們接受漢民族的傳統教育。因此戴炎輝小時候，接受日制的公學校（國民小學）教育之外，也進私塾學習四書等傳統文化，奠定良好的漢學基礎。

一九二三年三月，自屏東公學校畢業後，他在與日本學童的激烈競爭下，脫穎而出，考入南台灣著名的高雄州立中學。中學時代，他除了對學校安排的課程全力以赴外，亦勤力自修漢學，熟讀《史記》《漢書》等，因爲他深知被異族統治的漢民族不應該放棄傳統文化，於是這段日子奠定了他研究中國法制史的基石。

當時中學的學制五年，戴炎輝表現傑出，只讀四年即保送台北高等學校（今國立台北師範大學）的資格；高等學校是集聚全台優秀中學生的高等中學，台灣子弟要進入這所以日人子弟爲優先的學府，何其困難，非有特出的表現不可。專研台語語文的台大教授吳守禮和法界前輩許乃邦，即是他的同班同學。

父親戴鳳倚原本期望戴炎輝選擇醫學，懸壺濟世，但戴炎輝對學醫沒有興趣，面臨流血也有恐懼感，使得他不得不說服父親，棄理科而選擇文科。

一九三〇年三月，戴炎輝以優異成績畢業於高等學校文乙科第三屆，然而此時他面臨重要的人生抉擇：他的興趣在史學，但父親認爲應以未來就業求職做考量，放棄學醫已違父親之意，因此只得擱置歷史，改選法律。家庭的經濟環境與他想出國深造的願望相悖，因此只有選擇報考台北帝國大學（今國立台

灣大學）一途。所幸姻親長輩鄭清廉見戴炎輝是可造之材，留在台灣甚爲可惜，決定全心支持他留學日本；戴炎輝獲得奧援，負笈東瀛，考進了連日本子弟都十分嚮往的日本東京帝國大學法學部法律學科。當他中試的消息傳回鄉里，親友們雀躍不已，鄭清廉尤爲興奮，且表示願意長期資助教育費與生活費，以便讓他心無旁騖的從事學業研究。

日本深造　考取文官

戴炎輝於一九三三年三月畢業於東京帝國大學法學部法律學科，並繼續在法學部大學院（即研究所）攻讀。他在日本法制史泰斗中田薰的熱心指導下，加之以日積月累的漢文基礎，使他在中國法制史的領域中如魚得水，博徵《史記》《漢書》等中國古籍，做爲其各項論證的依據。他也常將研究心得發表在日本《法學協會》雜誌，深受日本法學界重視。

一九三五年，戴炎輝參加日本高等文官司法科考試，試程分筆試與口試兩部分。他順利通過筆試，卻在口試時，主考官知悉他是台灣人的預設偏見下，成了日本人種族優越感的犧牲者。戴炎輝首次遭受挫折，反而助長了他對日本蠻橫行爲的更深體認。他更加努力準備，隔年再度應考，以更優越的筆試成績進入榜單。恩師田中薰爲防舊事重演，先以書面聲援，口試主考官也就難再刁難，只得讓他順利通過，取得日本高等文官司法科任用資格。戴炎輝原可憑此資格「進軍」日本官場，與日本人平起平坐，但他毅然整理行裝，返回台灣，在高雄掛牌執業，爲受日本人欺壓的台灣人民伸張正義。

他從一九三六年到一九四五年，總計十年的「辯護士」（律師）生涯，不卑不亢、不屈不撓，爲維護公理正義的努力，頗獲鄉親的敬重。

服務法界　教授法學

一九四五年日本戰敗，政權轉移。此時，戴炎輝以其在鄉里父老間素有的重視，被任命爲高雄縣潮州郡守，但由於個性謙沖自牧，以難勝任地方行政事務爲由，掛冠而去；同年十一月轉任高雄地方法院推事。翌年，他得悉台灣大學創辦法學院，徵求教職，由於志在學術研究，故欣然接任教職，北上進入台灣最高學府法律系擔任副教授，獻身教育工作，旋即升任教授，主授民法親屬、民法繼承及中國法制史等課程。難怪他說：「我的學術生涯是從光復後才開始的。」

當時的台籍教授往往受日制教育的影響，國語口音並不純正。而戴炎輝自幼所奠下的漢學底子，加上戰前幾年勤學注音符號，因此能說一口標準「國語」；他上課時旁徵博引，也深受學生喜愛。由於當時法律系初創，課程的教材缺乏，爲了教學，只好自己準備講義，他往往要在前一天編寫，因此經常熬夜，甚至延至清晨，當天就進教室上課，也不爲奇。

一九五五年，台大法律系始創法律研究所，並基於「唐律」乃是中國歷代承先啓後的律典之重要性下，決議在碩士班開設這門課程。經憲法權威林紀東教授的舉薦，由戴炎輝負責教授。這對戴炎輝來說，是一項新的挑戰，往往二小時的課程，得花十倍的時間去蒐整資料；他的書房堆滿了各種古代文獻，充分顯現他孜孜不倦與擔任教職的責任心。經過多年教學相長，戴炎輝對唐律有了深刻的見解與論述，這對學術界來說，無疑是一項重要建樹。

研究法制　榮獲博士

一九五五年，戴炎輝出版《中國親屬法》《中國繼承法》兩本著作，將民法第四編與第五編的內容，以歷史方法論和比較法觀點予以分析，兼顧理論和實務，成了大學法律系學生必讀的教科書之一。而後，他又出版了《中國法制》《中國身分法史》《唐律通律》《唐律各論》等名山之著。

●「司法大老」戴炎輝，他除了是法制史的專家，也是鄉土史的學者。

《唐律通論》不僅榮獲教育部頒發學術貢獻獎，而且在法學界林紀東、洪遜欣等教授鼓勵下，向母校日本東京大學申請法學博士學位。東京大學從不輕易以審查論著授予學位，尤其是對於來自外國的著作，然而這篇論著在審查會中，倍受日本的中國法制史權威仁林田陞博士推崇，認爲戴炎輝對唐律的研究已超越了日本學界的成績，而其他審查委員亦一致同意。戴炎輝獲得東京大學法學博士，顯示日本學術界也肯定他對唐律研究的權威性。

戴炎輝除了研究中國法制史，也籌組「中國法制史學會」，邀集學者定期專題研討，成果豐碩。

關心文化　整理史書

他除了法學教學、研究之外，也未忘情於台灣本土文化的鑽研，長年從事台灣民事習慣調查，並曾擔任台灣省文獻委員會特約編纂和《台灣風物》編輯

委員；《清代台灣之鄉治》便是他研究台灣史的力作。

戴炎輝對台灣文史最重大的貢獻是整理「淡新檔案」；這批前清資料被發現於台大法學院辦公室一隅，棄置已久，且遭蟲蛀風漬，有被丟棄的可能。「淡新檔案」，日本人稱爲「台灣

● 戴炎輝夫婦接受模範母親的匾額，題曰：「教子有方」，說明他們的子女個個學業拔萃、事業有成，也表示戴夫人「相夫有成」。

文書」，是清代台灣淡水廳與光緒四年以後新竹縣的官方檔案；清廷割台後，由日本新竹地方法院承接，轉送覆審法院（即高等法院），再由覆審法院轉贈台北帝國大學文政學部存留，以供學術研究。然而卻少有學者加以利用，更不用說系統整理。戴炎

戴炎輝夫婦，鶼鰈情深，他能盡心盡力於學術研究，夫人的相輔，功不可沒。此為夫婦參加宴會留影。

輝在法學院同仁陳棋炎的協助下，自一九四七年開始整理殘破零散的「淡新檔案」，破損的設法貼補，蟲蝕的查考其他文獻重塡，並以卡片做成目錄，將其分類爲民事、刑事、行政、訴訟裁判書等，共一千一百六十三卷。此嘔心整理之資料，不僅是法制史研究的好資料，對地方自治、社會及經濟史研究，更具參考價值。「淡新檔案」整理後悉數移轉給台灣大學圖書館珍藏；一九九五年十一月十五日，也就是台灣大學的校慶，此前清時代台灣府縣唯一現存的官方檔案，終得付梓出版，如無戴炎輝生前的維護、整理，《淡新檔案》實難有重見天日的一天。

離開法界　重拾教鞭

戴炎輝在台灣大學任教的同時，兼任教務主任職務多年，盡責盡心，以熱情和信心推展工作。

一九七一年七月，他獲提名爲司法院第三屆大法官，翌年七月升任司法院副院長，一九七七年四月，又擔任司法院院長。一九七八年五月二十日，以院長身分在總統就職宣誓典禮上代表監誓，他以身爲台灣人而有此難得機會，引爲畢生最難忘的經驗。他總綰司法，居於高位，卻沒有遷入院長官舍，仍安居於原日式之台大舊宿舍；貴爲五院院長之一，他不忮不求，生活簡樸、務實可見一斑。

一九七九年七月，戴炎輝以年屆七十，自覺應該交棒，乃請辭司法院院長之職，總統特聘爲總統府資政；他也擔任過中國國民黨中央評議委員會主席團主席。

坐擁書城是他的最大樂趣，買書成爲公餘的重要休閒，舊書市場牯嶺街是他常流連的地方。坐落在台北市南昌街的宿舍，日式六席大的客廳兼充書房，四周的書架堆滿了藏書，其實其他房間的空間，也錯置不少的珍版書籍。

戴炎輝「走出」政壇，仍繼續在杏壇服務，重回台灣大學研究所繼續兼課，栽培法學後進。

晚年，他因罹患帕金森氏症不良於行，始停止授課；一九九二年七月三日病逝，享年八十四歲。

戴炎輝軼事

●地方官與中央要員

戴炎輝追求屏東名醫張山鐘的女兒；在東京帝國大學攻讀大學院時，託人向張醫師提親。

張山鐘對未來的女婿是學法律的，曾有難色，認爲「打官司」這種行業，未來出路有限。後來獲知戴炎輝品學俱優，始敢將女兒託付。

戰後，學醫的老丈人張山鐘當了屏東縣第一屆縣長，只是「地方官」，而學法的女婿反而位列五院院長，成了中央高級官員。有人說：「張縣長當年嫁女兒的決定，實在有眼光。」

戴炎輝年表

年份	年齡	事蹟
1909	01歲	十一月二十八日出生屏東。
1923	05歲	三月，屏東公學校畢業，後升入高雄州立中學念了四年。
1930	22歲	三月，台北高等學校文乙科第三屆畢業。
1933	25歲	三月，東京帝國大學法學部法律學科畢業。
1936	28歲	考取日本高等文官司法科任用資格。擔任律師至一九四五年終戰，爲期十年。
1945	37歲	擔任高雄地方法院推事。
1946	38歲	北上，受聘台灣大學法學院法律系副教授，後升任教授。
1955	47歲	於台大法律研究所講授「唐律」。出版《中國親屬法》《中國繼承法》。而後又出版《中國法制》《中國身分法史》《唐律通律》《唐律各論》等著作；並以《唐律通律》等獲日本東京大學法學博士。
1971	63歲	擔任司法院第三屆大法官。
1972	64歲	七月擔任司法院副院長。
1977	69歲	升任司法院院長。
1979	71歲	擔任總統府資政。
1992	84歲	七月三日病逝。

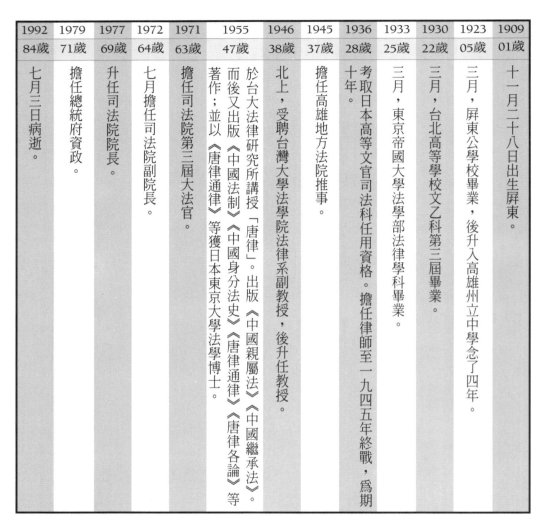

【誌謝】

本書之完成，感謝下列傳主的親友、機構提供資料、照片，你們的無私，增添了台灣歷史的光采。

李春生▼李超然

葉清耀▼張耀堂

黃旺成▼彭貴珠

陳澄波▼陳重光

黃土水▼陳昭明

許丙丁▼許傳紫、許勝史

李梅樹▼劉清港醫師、李梅樹教授昆仲紀念館

陳　進▼陳進家屬

魏火曜▼台大醫院

戴炎輝▼戴東原

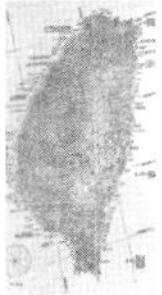

生活台灣64
台灣百人傳3

作　者—莊永明
董事長—孫思照
發行人
總經理—莫昭平
總編輯—彭蕙仙
出版者—時報文化出版企業股份有限公司
108台北市和平西路三段二四〇號三樓
發行專線—（〇二）二三〇四—五一九〇轉一一三～一一五
讀者服務專線—〇八〇—二三一—七〇五・（〇二）二三〇四—七一〇三
讀者服務傳眞—（〇二）二三〇四—六八五八
郵撥—〇一〇三八五四〇時報出版公司
信箱—台北郵政七九～九九信箱
時報悅讀網—http://www.readingtimes.com.tw
電子郵件信箱—ctliving@readingtimes.com.tw
主　編—心岱
編　輯—項慧齡、何芳
美術編輯—盧紀君
校　對—莊永明、項慧齡、廖寧
印　刷—富昇印刷有限公司
初版一刷—二〇〇一年三月一日
定　價—新台幣三二〇元

國家圖書館出版品預行編目資料

臺灣百人傳／莊永明著.— 初版. —臺北市
：時報文化, 2000[民 89]
面；　公分. —（生活台灣；62—）

ISBN 957-13-3135-X(第 1 冊；平裝).—
ISBN 957-13-3143-0(第 2 冊；平裝) .—ISBN
957-13-3327-1(第 3 冊；平裝)

1. 臺灣 — 傳記

782.632　　89005846

ISBN 957-13-3327-1
Printed in Taiwan

編號：CE0064	書名：台灣百人傳3
姓名：	性別：________ 1.男　2.女
出生日期：　年　月　日	身份證字號：

________ 學歷：1.小學　2.國中　3.高中　4.大專　5.研究所（含以上）

________ 職業：1.學生　2.公務（含軍警）　3.家管　4.服務　5.金融　6.製造　7.資訊　8.大眾傳播　9.自由業　10.農漁牧　11.退休　12.其他

地址：________ 縣（市）________ 鄉鎮區 ________ 村________ 里

________ 鄰 ________ 路（街）________ 段________ 巷________ 弄________ 號________ 樓

郵遞區號 ________

（下列資料請以數字填在每題前之空格處）

________ **購書地點／**
1.書店　2.書展　3.書報攤　4.郵購　5.直銷　6.贈閱　7.其他 ________

________ **您從哪裡得知本書／**
1.書店　2.報紙廣告　3.報紙專欄　4.雜誌廣告　5.親友介紹
6.DM廣告傳單　7.其他 ________

________ **您希望我們爲您出版哪一類的作品／**
1.人文歷史　2.生態保育　3.民間藝術
4.飲食文化　5.觀光旅遊　6.其他 ________

________ **您對本書的意見／**
內容／1.滿意　2.尚可　3.應改進
編輯／1.滿意　2.尚可　3.應改進
封面設計／1.滿意　2.尚可　3.應改進
校對／1.滿意　2.尚可　3.應改進
定價／1.偏低　2.適中　3.偏高

您希望我們爲您出版哪一位作者的作品／

____

您的建議／

____

請沿虛線摺下裝訂，謝謝！

廣告回郵
北區郵政管理局登
記證北台字1500號
免貼郵票

時報出版
CHINA TIMES PUBLISHING COMPANY
尊重智慧與創意的文化事業

地址：108台北市和平西路三段240號3樓
讀者服務專線：080-231-705．(02)2304-7103
讀者服務傳真：(02)2304-6858
郵撥：01038540 時報出版公司

請寄回這張服務卡（免貼郵票），您可以——
●隨時收到最新消息。
●參加專為您設計的各項回饋優惠活動。

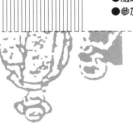

生活台灣

祖先的步履．你我的城市

寄回本卡，掌握生活台灣的最新出版訊息。